KB122812

흑백 돌로 슬기를 겨루는 천재들의 창의력 이야기

한국의 바둑 천재들

유 한 준 지음

BOOK STAR

머리말

바둑은 삶의 지혜와 슬기를 깨우쳐 주는 교과서

한국이 낳은 세계적인 천재 프로바둑 기사 이세돌 9단은 '인류의 대표'로 인공지능 알파고와 '세기의 대국'을 펼치고 아무도 이기지 못한 귀중한 1승을 거두면서 전 세계 사람들에게 뜨거운 감동을 안겨주었습니다.

'괴물'로 여겨지는 인공지능 컴퓨터 바둑 프로그램 알파고에게 다섯 판 가운데 한 판을 이긴 이세돌 9단은 놀라운 능력을 지녔다는 인공지능보다 인간의 두뇌가 한 차원 우수하다는 것을 보여준 것으로 금세기의 새로운 금자탑을 세웠다는 평가와 찬사를 받았습니다.

바둑은 두 사람이 마주 앉아 바둑판 위에 흑과 돌을 번갈아 놓으면서 엄청난 묘수를 겨루는 두뇌 게임입니다.

서양의 체스는 상대방의 왕을 죽여야만 이기는 제로섬 게임이지만 바둑은 흰 돌과 검은 돌이 상생, 공존하며 모두가 승리할 수 있는 게임입니다. 바둑을 통해서 흑과 백이 조화롭게 공존하는 상생의 정신을 배우고 소통의 슬기를 키울 수 있습니다.

바둑판 위에서 소리 없는 전쟁을 벌이는 바둑과 치열한 몸 싸움으로 격렬하게 펼쳐지는 스포츠 경기 사이에는 공통점이 참 많다고 합니다. 바둑은 상대와의 싸움이면서 동시에 자신과의 싸움이기도 합니다. 싸움터에 있는 사람은 누구나 초조하고 고독하다고 말합니다.

바둑은 도예道藝가 되기도 하고 기예技藝가 되기도 한다고 일컫습니다. 중국에선 도로 통하고, 일본에선 예술이며, 한국에선 테크닉의 면모가 두드러진 것으로 보고 있습니다. 이 세 가지 측면을 모두 갖춘 바둑은 인간이 할 수 있는 게임 중 가장 순박하면서도 가장 복잡한 고도의 두뇌 플레이라고 여깁니다.

인공지능 알파고와 인류를 대표한 천재 바둑 기사 이세돌 9단이 대결한 '세기의 대국'은 그 승패를 넘어 인류에게 커다란 감동과 함께 중요한 질문을 던져주었습니다.

'사람이 스스로 창조한 기술을 따라가지 못할 때, 그것을 어떻게 통제할 것인가?'라는 숙제를 제공한 것입니다. 이 숙제는 앞으로 인간이 풀어야 할 가장 중요한 문제로 우리 앞에 다가왔습니다.

우주의 원자보다 많다는 바둑의 무한한 수, 늘 새로운 수의 대결이 펼쳐지는 바둑 게임에서는 전혀 예상하지 못한 묘수가 나오면서 인간에게 삶을 깨우쳐 준다고 합니다.

바둑 세계에서는 게임의 자세와 위기를 벗어나는 지침을 '위기 10결圍棋十訣'로 가르치고 있습니다. 바둑의 십계명이 되고 있는 '위기 10결' 가운데 첫 번째인 '부득탐수'는 이기는 것에만 집착해서는 안 된다는 진리의 가르침으로 바둑과 스포츠 모두에게 꼭 필요한 계명입니다.

경기에 나선 이상 이기는 것이 필수이지만, 공격에 앞서 수비를 단단히 하고, 상대가 강한 곳에서는 전열을 가다듬어 차근차근 공격을 전개해 나가는 것이 바로 승리의 비결이라는 공통점이기 때문입니다.

스포츠나 게임의 세계는 어느 종목이나 정신적 피로와 스트레스가 쌓이게 마련입니다. 그럴 때마다 바둑을 두면 마음의 안정을 얻게 된다고 이릅니다.

이 책은 한국 현대 바둑의 개척자 조남철 국수國手 이후 김인, 조훈현, 이창호, 유창혁, 이세돌 기사로 이어진 한국 프로바둑 스타 5걸의 바둑 인생 이야기를 바탕으로 삼고, 인간 바둑이 인공지능 바둑 프로그램 알파고와 대결한 내용을 중심으로 엮었습니다.

　바둑판에는 지구를 넘어 우주가 모두 담겨 있다고 합니다. 바둑으로 본 세계는 얼마나 크고 넓으며, 천재 바둑 스타들의 지혜는 얼마나 심오할까요?

　바둑의 세계로 함께 들어가 프로바둑 스타들의 삶과 승부의 지혜를 더듬어 보고 바둑판 위에 숨어 있는 묘수들을 살펴보면서 두뇌 계발과 학습 능력을 키워 보세요.

　그리고 오늘날 세계적으로 이슈와 화제를 뿌린 인간과 인공지능의 대결을 살펴보면서 생각을 키우고 슬기를 깨우치기 바랍니다.

유 한 준

차 례

제1장
바둑의 신화

제1장
바둑의 신화

흑백의 마술사들

바둑은 두 사람이 바둑판을 가운데 두고 마주 앉아 흑백의 바둑돌을 하나씩 교차로 놓아가며 실력을 겨룬다. 바둑판에는 가로와 세로로 각각 19개의 줄이 그어져서 361개의 교착점을 이루고 있다. 그 교착점이 바둑돌을 놓는 자리가 되고 하나의 집이 된다.

따라서 돌을 둘 수 있는 자리는 총 361개이다. 그러나 좀 더 짧은 시간 안에 게임을 하기 위해 가로줄과 세로줄이 9줄이나 13줄의 바둑판 위에서 대국을 하는 경우도 있지만, 지금은 거의 19줄 바둑판에서 대국한다.

바둑은 무한한 수와 탁월한 기법이 따르고 신기의 수를 발휘하는 두뇌 플레이로서 최고 단인 9단에 오르면 입신入神의 경지로 들어간다 하여 신기의 세계라고 일컫는다.

바둑에서는 실력이 강하거나 급수나 단수가 높은 사람을 상수上手라 하고, 실력이 약하거나 급수나 단수가 낮은 사람을 하수下手라고 한다. 따라서 바둑을 둘 때에는 먼저 상수가 백을 잡고, 하수가 흑을 잡는 것이 관례이다.

실력이 서로 엇비슷할 때는 나이가 많은 사람이 연장자라 하여 백돌을 잡는다. 그러나 나이와 급수 또는 단수까지 같거나 비슷할 때에는 어느 한쪽 사람이 임의로 바둑돌을 한 움큼 쥐면 상대 쪽 사람이 홀수 또는 짝수를 나름대로 말한다. 그러면 손에 쥔 돌을 바둑판 위에 올려놓고 바둑돌의 수를 맞추었으면 흑을 잡고 그렇지 못하면 백을 쥔다. 이렇게 하여 돌이 가려지면 흑이 먼저 바둑을 둔다.

바둑을 둘 때에는 실력의 차이에 따라 맞바둑 또는 접바둑을 둔다. 실력에 차이가 있는 상대와 대국할 경우 서로의 균형을 맞추기 위해 흑돌 몇 개를 화점에 미리 두고 시작하는데, 이를 접바둑이라고 한다. 화점은 바둑판 위에 찍혀 있는 9개의 꽃점을 말한다. 이에 반하여 동등한 실력으로 바둑을 시작하는 경우에는 맞바둑이라고 한다. 접바둑은 백이 먼저, 맞바둑은 호선이라 하여 흑이 먼저 돌을 둔다. 맞바둑은 먼저 두는 흑이 약간 우세하므로 백의 핸디캡을 상쇄하기 위해 6집 반의 덤을 준다. 상대방과의 바둑 실력 차이가 있어 늘 흑을 잡고 먼저 두는 정선定先은 맞바둑과 마찬가지로 흑이 선수이지만 덤을 전혀 주지 않고 두는 것으로, 약간의 실력 차이가 날 경우에 두는 바둑이다.

바둑은 항상 흑을 잡은 사람이 먼저 두는데 이를 선착先着이라고 말한다. 다만, 실력 차이가 너무 클 때에는 하수에게 일정 수의 돌을 미리 놓도록 허용하는 접바둑일 때는 백이 먼저 둔다. 접바둑에서는 실력 차이에 따라 하수가 흑을 미리 놓는데, 이때 허용되는 흑의 수는 적게는 2개, 많게는 25개까지로 규정하고 있다.

대국이 끝나면 서로 자기의 집을 세는데 이를 계가計家라고 한다. 그러나 승자가 분명하게 드러나는 경우에는 집 수를 계산하지 않는데 이를 불계不計라고 하며, 불계로 이길 경우 불계승, 질 경우는 불계패라고 이른다. 계가를 할 때에는 혹을 쥔 사람에게는 선착의 유리함을 감안하여 일정 수의 집을 공제하는 제도가 있는데 우리나라에서는 보통 5집 반을 공제해 주는 것이 통례로 되어 있다.

여기서 인정해 주는 '반집'은 원래부터 바둑에 있는 것이 아니라 계가를 한 뒤에 무승부가 되는 경우를 없애기 위해서 설정해 놓은 것이다. 그 때문에 이럴 경우 혹을 쥔 사람은 상대방보다 최소한 6집 이상을 이겨야만 승리할 수 있다.

한 수로 승패 갈려

바둑의 묘수는 한 수 한 수에 달려 있다. 바둑돌은 흑이든 백이든 돌을 잡은 사람이 바둑판 눈의 교차점에 한 번에 하나씩 놓으면서 집을 짓고, 집을 많이 지은 사람이 이기는 게임이다. 이 눈을 목目이라고도 일컫는다. 바둑돌을 이미 놓여 있는 곳에 중복해서 겹쳐 놓을 수도 없고, 또 놓은 돌을 바둑판 위에서 움직이거나 마음대로 들어낼 수도 없으며, 한 사람이 2개 이상의 돌을 연속해서 놓을 수도 없다. 오직 한 번에 1개의 돌만 놓을 수 있다. 예외로 상대방의 돌을 빈칸 없이 자신의 돌로 둘러싸면 상대방의 돌을 들어낼 수 있다. 이 때 돌을 '따낸다'고 한다. 그러나 두자마자 자기 돌이 먹히도록 두는 자살 수는 금지하고 있다. 하지만 돌을 둔 시점에서 상대의 돌을 먹는 일이 가능한 상황이면 예외로 여긴다.

바둑판의 돌은 그 하나하나가 서로 연결되어 있는 상하좌우의 눈

에 활로를 가지고 있다. 이때 상하좌우로 이어지는 눈이 아니면 활로가 될 수 없다. 활로는 상대의 공격에 잡히지 않고 고난을 헤치면서 빠져나가는 길, 곧 살아남을 길이다.

그래서 이 활로가 끊어지지 않고 이어지도록 돌을 놓아야 한다. 결국, 활로가 모두 상대방의 돌에 포위되면 그 돌은 죽은 돌이 된다. 이렇게 죽은 돌을 사석死石이라고 부른다. 사석이 되기 전에 잡히지 않고 빠져나오는 활로를 찾아야 살아남게 된다. 사석으로 잡은 돌은 바둑을 끝내고 집을 계산할 때, 즉 계가할 때에 상대방의 집에다 채워 넣어 점수를 줄이는 역할을 한다. 그래서 잡힐 위험에 놓인 돌이 잡히지 않게 하기 위해서는 활로를 찾아 빠져나가야만 한다.

이런 상황에서 1개의 돌을 잘 놓으면 죽게 된 바둑돌도 활로를 찾아 살아남으면서 반대로 상대방의 활로를 끊어 놓아 사석을 만들게 된다. 바둑의 진수가 바로 여기에 있다. 반대로 상대방의 활로가 끊어지도록 차단시키는 바둑을 두어야 한다. 여기서 바둑의 실력과 묘수가 나타난다. 이처럼 돌 1개를 묘수로 잘 놓아 상대방의 활로를 끊고 상대방의 돌을 잡아내는 상태를 일컬어 '단수가 되어 있다' 또는 간단히 '단수'라고 말한다. 단수는 패싸움으로 이어지는데, 상대방의 허를 찌르는 요소로 작용하기 때문이다.

그러나 패싸움을 무한정 반복할 수 없도록 제한하고 있다. 패가 이루어졌을 때는 다른 곳에서 한 번 이상 돌을 놓은 다음에 다시 패의 자리에 돌을 놓을 수 있도록 한 것이다. 상대의 돌을 꼭 따내고자 할 때에는 상대방이 받지 않을 수 없는 곳에 돌을 놓아 상대가 패의 자리를 잇지 못하게 한 뒤에 다시 돌을 놓는다. 실제로 바둑을 둘 때에는 반드시 한 번 이상의 패가 나오는 것이 보통이다. 그래서 팻감을 많이 만드는 쪽이 바둑판에서 주도권을 잡게 된다. 팻감이 많으면 많을수록 유리한 국면을 이루게 된다고 여긴다. 주의할 일은 단수를 계속 치면서 몰아가다 보면 오히려 포위를 당해 활로를 잃어버리면서 모두 죽게 되는 경우가 생길 수도 있다.

바둑에서의 승패는 죽지 않기 위해서 활로를 계속 찾아 수를 늘려야 한다는 것이다. 그러나 여기서 주의할 점은 활로가 전혀 없는 곳에 돌을 놓을 수는 없다. 이를 바둑의 착수 금지 규칙이라고 한다. 그 규칙은 이미 활로가 끊어져서 죽음에 이른 상태이기 때문에 돌을 놓을 수 없고 또 놓을 필요도 없다. 그런 경우에는 돌을 놓지 말고 과감하게 버리고 다른 쪽으로 방향을 돌려야 한다.

사활과 치중의 묘수

바둑에서는 사활의 묘수가 매우 중요한 문제의 하나이다. 죽고 사는 문제가 승패를 좌우하는 것이기 때문이다. 자신의 돌이 죽으면 자신의 집은 그만큼 줄어드는 대신, 상대방의 집은 그만큼 넓어지기 때문에 불리하게 된다. 돌이 살기 위해서는 줄을 따라 완벽하게 이어진 상태에서 따로 떨어져 있는 2개 이상의 집이 있어야만 한다.

실제로 바둑판에서는 어느 한 쪽이 먼저 돌을 놓으면 상대 쪽도 따라 돌을 놓기 때문에 먼저 놓은 돌이 죽는 경우가 생길 수 있다. 이러한 상태를 흔히 '빅'이라고 일컫는다. 바둑판에서 빈 집이 생길 경우 선수를 쳐서 상대방의 돌을 잡는 것처럼 보이는 경우가 있는데, 이때 상대방이 바로 단수를 치면 반대로 따먹히게 되는 일이 생긴다. 이럴 때 생긴 빈집은 누구의 집도 아닌 두 사람 모두의 집이 되는데 이를 공유라고 말한다. 또 하나 바둑에서 기선을 잡을 수 있는 묘수는 치중이다. 치중은 상대방의 집 속에 돌을 놓아 상대의 활로를 흔들어 놓으면서 상대의 돌을 잡는 방법이다. 일반적으로 상대의 집 중앙에 돌을 놓아 급소를 찌르는 공격 방법이다. 이는 상대의 급소를 찌르는 묘수로 치중의 급소 작전이라고 한다.

모든 일에는 기초가 튼튼해야 한다. 집을 지을 때에는 집 지을 땅을 고르게 다지고, 기둥을 세운 뒤에 설계에 따라 진행하는 것처럼 집을 많이 지어야 이기는 바둑에서도 마찬가지이다. 바둑에서는 집을 짓기 위한 기초 작업을 포석布石이라고 말한다.

바둑을 두기 시작할 때 서로 집의 골격을 마련하기 위해 두는 수십 수 정도를 포석이라고 일컫는다. 먼저 집을 만들기에 유리하다고 여겨지는 곳에 돌을 놓는다. 이런 유리한 곳은 귀인데, 귀는 구석 또는 변이라고도 한다. 그래서 유리한 곳을 먼저 차지하기 위해서 귀부터 포석하는 것이 일반적 사례이다.

귀에 두는 포석도 화점에 두는 경우, 고목에 두는 경우, 외목에 두는 경우, 소목에 두는 경우, 삼삼 포석으로 두는 경우 등 다양하다. 이때 각 점에 놓은 경우 각기 전략이 필요하다.

예를 들면 고목에 두는 경우는 주로 세력 작전을 펴기 위한 것이고, 소목과 삼삼 포석의 경우는 실리적 작전을 위해 두는 것이며, 화점과 외목에 두는 경우는 협공 작전을 위한 것이라고 볼 수 있다.

먼저 두 귀를 자신에게 유리한 형태로 지켜 놓은 다음 변을 차지하는 기법으로 포석하는 것이 안전하다. 이때 만약 귀를 하나밖에 확보하지 못했다면 변을 더 확보한다거나 상대방보다 유리한 세력 권을 형성하여야 상대방에게 끌려가지 않고 대등한 대국을 진행할 수 있다.

기 싸움의 두뇌 플레이

바둑은 두 사람이 흑과 백의 돌을 네모진 바둑판 위에 한 번씩 번갈아 놓으며 집짓기 대국을 겨루는 게임이다. 한 사람은 흑, 한 사람은 백을 쥐고 번갈아 한 번씩 바둑판에 돌을 놓아가면서 더 많은 집을 짓기 위해 게임을 펴기 때문에, 기氣 싸움의 두뇌 플레이라고 말한다.

게임의 목표는 상대보다 더 많은 공간을 자신의 돌로 둘러싸는 것인데 이를 집짓기라고 한다. 규칙은 단순하지만 매우 깊은 전략적 사고가 요구된다. 두 사람이 바둑판을 사이에 두고 마주 앉아 두는 것이 일반적이지만, 요즘에는 TV, 전화 등 통신 수단을 이용하여 얼굴을 마주하지 않고도 대국을 펼친다.

바둑을 한자로는 기棋 또는 기碁라고 쓰고 바둑을 두는 사람은 기사棋士, 두는 곳을 기원棋院이라고 일컫는다. 그러나 호텔, 사무실, 오락실, 정원 등 바둑을 두는 곳은 다양하다. 달리는 열차, 항해 중인 선박 안에서도 둔다.

옛날 중국에 이런 전설이 전한다.

> "나무꾼이 산속에서 나무를 하다가 선인仙人 두 사람이 바둑을 재미있게 두는 모습을 보았다. 그 모습이 어찌나 신비스러운지 옆에서 구경하다가 그 대국에 흠뻑 빠진 나머지 도낏자루 썩는 줄도 모를 정도로 긴 세월을 흘려보냈다."

바둑은 검은 바둑돌을 까마귀에, 흰 바둑돌을 백로에 비유하여 오로烏鷺, 손으로 돌을 놓으며 돌과 이야기한다는 뜻의 수담手談, 돌과 바둑판의 모양을 보고 표현한 방원方圓, 인간 속세로부터 벗어났다는 의미의 은거隱居 등 여러 가지로 일컫는다. 그런가 하면 옛날 중국의 사공이라는 노인이 뜰에 열린 귤을 따서 까 보았더니 그 속에서 두 노인이 바둑을 두고 있었다는 희한한 설화에서 귤중지락橘中之樂이라고도 한다.

바둑은 순수한 우리말로 처음에는 '바돌', '바독' 등으로 부르다가 8·15 광복 이후부터 '바둑'으로 통일하여 쓰고 있다.

요순 임금도 바둑 즐겨

바둑의 기원은 고대 중국이라고 전설처럼 막연하게 알려져 있을 뿐 정확히 언제 어디서 시작했는지 밝혀진 기록이 없다. 전설상의 제왕인 중국 3황 5제 때에 만들어졌다는 이야기가 있다. 5~7세기 사이 삼국 시대에 소개되었으며, 순장 바둑이라는 형태로 1950년대 일본의 현대 바둑이 유행하기 전까지 성행하였다.

옛날 중국 전설에 나오는 성천자 요堯와 그 뒤를 이은 순舜임금도 정치를 잘해 이른바 요순 태평 시대를 이루면서 바둑을 권장하였고, 스스로도 바둑을 즐겼다고 전한다.

바둑의 고전으로 여기는 《현현기경玄玄棋經》 머리말에 이렇게 기록하였다.

"옛날 요순 임금이 바둑을 만들어 그 아들들에게 가르쳐 주었다."

이런 기록으로 미루어 볼 때 요순 임금도 바둑을 즐겼다는 이야기가 통설처럼 전해 온다.

중국 역사 《사기》에 "요는 5제의 한 사람인 제곡의 아들로서 어릴 적부터 매우 총명하였는데 임금에 오른 뒤 역법을 정하고 효행으로 이름이 높은 순을 기용하여 천하를 다스리게 하였다."라는 것이다.

또 요순시대의 기록을 적은 《박물지》, 《태평어람》 등 옛날 문헌에도 바둑에 관한 이야기가 실려 있어 바둑의 기원을 요순시대(기원전 2350~기원전 2250년대)로 추정하고 있다.

천하의 성인으로 꼽히는 공자도 《논어》에 이런 말을 남겼다.

"바둑을 두는 것은 아무 일도 하지 않는 것보다 어진 일이다."라고 하였다. 이 말은 차분하고도 지적인 차원에서 생각을 가다듬으면서 바둑을 둔다는 말이며, 권장하여 널리 보급되어 있었음을 보여주는 말이다. 《논어》 양화편에 이런 기록이 전한다.

"공자께서 이르시기를, 온종일 배부르게 먹으면서도 마음을 쓸 곳이 아무 데도 없다는 것은 참으로 견뎌내기 어려운 상황이다. 장기나 바둑이라도 있지 않겠나? 아무것도 안 하느니 장기나 바둑이라도 두는 것이 더 현명할 것 같다."

또한, 《설문통훈정성》, 《문선》 등에는 '요임금과 순임금이 아들 단주와 상균의 어리석음을 깨우치기 위해 바둑을 만들었다'는 전설이 있다.

송나라 때에는 더욱 구체적으로 바둑을 표현하였다.

> "바둑이 고금의 놀이로서 그 유래가 오래되었다. 바둑은 사람을 혹하게 만드는 것으로 한 번 배우기만 하면 바둑에 푹 빠져서 헤어나지 못하게 된다."

바둑은 오늘날 아시안게임의 정식 종목이며, 한국·중국·대만·일본 등 동아시아 국가들 사이에서 대중적인 놀이로서 전통문화의 일부분으로 자리 잡고 있고, 세계적으로는 동양의 보드게임으로서 널리 알려져 있다. 나라마다 사용하는 규칙에는 조금씩 차이가 있다. 국가별로 여러 단체에서 개최하는 세계대회가 존재하며, 역대 세계 챔피언은 대부분 한국·중국·일본에서 배출되었다.

구글 딥마인드에서 개발한 알파고라는 인공지능은 2015년 10월 세계 최초로 유럽의 인간 프로 기사를 상대로 승리를 거뒀다. 2016년 3월에는 알파고가 세계 최고의 고수 프로 기사인 한국의 이세돌 9단에게 승리했다.

고구려 스님과 백제 왕의 대국

우리나라에서는 언제부터 바둑을 두었을까?

바둑이 한반도로 전해진 때는 삼국 시대로 알려졌다. 《삼국사기》에 "고구려와 백제 사람들이 바둑을 즐겼다. 백제 개로왕은 고구려에서 내려온 도림 승려와 바둑을 즐겼다."라고 기록하였다.

개로왕과 도림 승려의 바둑 이야기는 전설적인 차원을 넘어 사실적으로 널리 알려진 유명한 설화이다. 그 이야기의 줄거리는 이렇다.

고구려와 백제는 국경선을 사이에 두고 조용할 날이 거의 없었다. 고구려의 남하 정책과 백제의 한강 주변 확보가 맞물려 크고 작은 싸움으로 갈등이 계속되었다. 그런 가운데 백제의 제21대 개로왕이 바둑을 무척 즐긴다는 소문이 고구려로 들어갔다. 그 소문을 들은 고구려 제20대 장수왕은 바둑의 명수인 도림 스님을 첩자로 명하고 바둑으로 개로왕에게 접근하도록 하였다. 왕의 명을 받은 도림은 백제의 서울인 한성으로 위장 망명의 길을 떠났다.

바둑을 좋아하던 백제 개로왕은 뜻밖의 바둑 명수가 고구려에서 망명해오자 크게 반기면서 국수國手로 삼고 극진하게 예우하였다. 스님은 성직자의 신분으로 백제 왕과 바둑 대국을 즐기면서 일부러 반집으로 이기거나 한 집 반으로 져주는 바둑을 두어 개로왕의 마음을 사로잡고 현혹시켰다.

"전하! 고구려는 백제를 멸망시키기 위해 공격 준비를 철저하게 하고 있습니다. 고구려의 공격을 막으려면 더 많은 성을 쌓고 성벽을 만드는 공사를 하셔야 합니다."

"암! 그렇고말고!"

"전하! 고구려는 하룻강아지에 불과합니다. 백제의 대궐을 더 호화롭게 꾸미시면 나라의 위상이 더욱 높아집니다."

개로왕은 도림의 바둑 솜씨에 감탄한 나머지 도림이 하는 말이라면 모두 들어주었다. 그리하여 필요하지 않는 성도 만들고, 새로 만든 성 주변에 성벽도 길게 쌓았다. 왕궁도 호화스럽게 고치고 별로 소용도 없는 별궁을 새로 지었다. 그러자 나라의 재정은 고갈되고 백성들의 원성은 높아졌다.

도림은 자신의 계획이 거의 이루어지자 백제를 탈출하여 고구려로 돌아가서 장수왕에게 사실대로 아뢰었다.

"수고했노라! 백제를 공략한다!"

장수왕은 즉시 백제를 공격하여 들어갔다. 뜻밖에 고구려의 공격을 받은 개로왕은 뒤늦게 도림에게 속은 것을 알았지만, 이미 때는 늦었다. 개로왕은 성 밖으로 피신하던 중에 붙잡혀 고구려 장수왕에게 죽음을 당했고, 개로왕의 아들 문주왕은 남쪽 웅진 땅, 지금의 공주로 밀려 내려가 도읍을 정하였다.

도림은 백제를 공략하기 위한 작전을 수행하면서, 고구려에 큰 공을 세웠다. 그러나 성직자로서는 올바른 행동이 아니었다는 비판을 받았다.

그 당시 신라에도 바둑 열기가 상당히 높았다. 그런 사실은 당나라의 국수인 형도가 신라 효성왕 2년에 사신으로 경주에 왔다가 신라 대신들과 바둑 대국을 하였다. 신라 사람들의 바둑 실력이 상당히 높은 것을 실감하고 혀를 내둘렀다고 알려졌다. 그 뒤로 당나라의 국수들이 경주로 와서 신라의 실력자들과 친선 바둑을 두었다고 전한다.

고구려, 백제, 신라에 처음 들어온 바둑판은 17개 줄이었다. 지금의 19개 줄보다 2개가 적은 것이었다. 19줄의 바둑판은 통일신라 시대를 거쳐 고려-조선으로 이어졌다.

고려 중기 때에 당대의 문신이자 문장가였던 이규보는 평양 기생 진주가 바둑 고수라는 소문을 듣고 진주에게 대국을 요청했다는 기록이 있다. 이로 미루어 볼 때 당시 여성들에게도 바둑이 상당히 보급되어 있었다는 사실을 짐작하게 한다. 조선 시대에는 초기부터 바둑이 무척 성행하였다. 세종의 아들 안평대군은 옥돌을 다듬어 만든 바둑돌로 바둑을 즐겼다. 임진왜란 때는 영의정인 류성룡이 최고 국수로 이름을 떨쳤고, 조선 말기에는 김만수, 유찬홍 등이 바둑 하나로 흥선대원군에게 발탁되었다.

바둑 타이틀전의 새 바람

모든 게임에는 반드시 룰이 따른다. 바둑에서도 일정한 규칙과 체계가 있다. 우리나라 바둑의 체계를 갖추고 발전시킨 곳은 한국기원이다. 1955년 9월 한국기원이 발족하여 바둑의 체계를 바로잡아 주고 바둑의 붐을 일으키면서 발전을 이끌어왔기 때문이다. 그래서 한국기원을 우리나라 바둑의 산실이라고 일컫는다.

본래 한국기원의 역사는 조남철이 1945년 11월에 설립한 한성기원으로 거슬러 올라간다. 그때 일본에서 바둑 전문 기사 수업을 마치고 귀국한 조남철이 장경근 등과 함께 한성기원을 발족시켰다.

조남철은 일본의 기타니 미노루 문하에 유학하여 일본기원 프로 초단이 된 후 귀국하여, 순장바둑 폐지, 프로 기사 제도와 바둑 기전 창설 등의 계획을 세워 한국기원의 토대를 닦았다.

순장바둑은 우리나라 고유의 재래식 바둑으로 17개의 화점에 각각 8개씩 배석하고 가운데 화점인 장점에 판마다 흑백을 번갈아 놓으면서 두기를 시작하는 방식을 말한다. 이 방법에서는 따낸 돌은 아무 소용이 없고 계가를 할 때에도 단수가 안 되는 곳의 돌을 모두 들어낸 다음에 점수를 세어 계가하는 것이 특징이다.

해방 직후의 혼란기와 6 · 25전쟁을 거치면서 미루어졌던 조남철의 바둑 발전 구상은 1954년 1월 8일 사단법인 한국기원의 창립과 함께 본격화되었다. 바둑 문화의 창달과 보급, 전문 기사의 기예 향상을 목적으로 공식 출범한 것이다.

한국기원의 주요 사업은 기도의 향상 발전을 위한 사업, 승단대회 개최 및 단급 제도 배정, 국제 바둑대회 개최 및 전문지 발간 등이다.

한국기원은 1954년 4월 10일 제1회 승단대회를 개최하였고, 두 달뒤인 6월 20일에는 제1회 입단대회를 개최하였다. 또한, 1955년 3월에는 최초의 국제 공식 대국인 제1회 한·중 위기 교류전을 열었다.

그로부터 한국기원은 우리나라 바둑 발전의 견인차가 되어 봄·가을로 전문 기사 입단대회를 정기적으로 열었다. 해마다 4명 정도의 프로 기사를 배출하기 시작하였다.

또한, 바둑 인구가 늘어나면서 이름 있는 언론사들도 바둑대회를 개최하였다. 동아일보에서 1956년 한국 최초의 프로바둑 기전인 국수 제1위전을 창설하면서 신문 기전의 시대가 개막되었다. 1959년에는 서울신문이 패왕전을, 부산일보가 최고위전을 열었다. 1966년에는 중앙일보에서 왕위전을, 1968년에 한국일보에서 명인전을, 1974년 조선일보가 기왕전을, 1983년에는 경향신문이 국기전을, 매일신문이 대왕전을, 1985년에는 스포츠서울이 신인왕전을 열었다. KBS TV는 1980년 바둑왕전을 열었고, MBC TV는 1982년 제왕전을 개최하였다.

그러다가 1997년 3월 25일 문화체육관광부 산하의 재단법인 한국기원으로 바뀌었다. 바둑의 기본예절인 기도棋道의 향상과 바둑 보급을 도모하고, 국내외 바둑 기관 활동 조성 및 전문 기사의 보호 육성 등을 중점 사업으로 내걸었다. 사무실은 처음에 서울 종로구 관철동에 두었다가 후에 성동구 마장동으로 옮겼다.

이런 상황에서 1980년대까지는 조남철, 김인, 조훈현, 서봉수 등이 바둑 타이틀을 주고받았다.

대한민국 바둑이 획기적으로 발전한 하나의 계기는 1989년에 있었던 제1회 잉창치배 세계바둑선수권전에서 소속 기사였던 조훈현이 우승을 한 것이었다. 이를 계기로 1989년 11월까지 95명의 전문 기사를 배출하면서 새로운 바둑 시대를 열어놓았다.

특히 과거 한·일 바둑 대결에서도 불꽃 튀는 혈전을 벌였다. 한국 바둑의 양 날개였던 조훈현과 서봉수는 1953년생 동갑내기 간판스타인데, 조훈현은 곧바로 샷을 날리는 프로 골퍼처럼 '번개 타법'의 속도전 바둑으로 유명하다. 서봉수는 지금은 고인이 된 가토 9단을 여유 있게 꺾었던 신화의 주인공이다.

여기에 한국 바둑의 숨은 에이스는 자타가 국수國手로 공인하는 권갑용 8단이다. 그 뒤로는 조훈현이 모든 타이틀을 거의 독점하다시피 하면서 1990대 말까지 바둑 황제의 영광을 누렸다. 그러다가 소년 천재 기사 이창호와 유창혁 등의 신예들이 혜성처럼 나타나면서 바둑 무대에 새 바람을 일으켰다. 이후로 양재호, 김영환, 김승준, 김영삼, 김효정, 최철한, 이세돌, 박정환 등의 젊고 걸출한 프로 기사들이 등장하면서 대한민국의 바둑은 세계 최강이라는 평가를 받고 있다.

전파 미디어 시대로 접어들면서 한국기원은 2016년부터는 CJ E&M 방송 사업 부문으로부터 바둑 TV를 인수하여 바둑 전문 방송국을 운영하기 시작하였다.

바둑 스타들의 뒷이야기

프로바둑계에는 '이창호의 흑번, 유창혁의 백번'이라는 말이 유행된 때가 있었다.

이창호 전성기 때 그가 흑을 잡게 되면 마치 프로야구의 스타 선동열이 몸을 풀고 있는 것 같은 효과를 주었다는 이야기였다. 그때는 덤이 5.5집에서 6.5집으로 넘어가는 과도기 아니면 그 이전이었을 것이다. 그만큼 바둑 기사들은 흑을 들고 두기를 더 좋아했다. 이유는 흑을 쥐면 승률이 더 높고 자기가 좋아하는 바둑으로 대국을 끌어갈 수 있다는 이야기가 공공연하게 떠돌아다녔기 때문이다. 많은 바둑 기사가 그렇게 여겼는데, 천재 기사로 알려진 이창호도 흑을 잡으면 그런 느낌이 더 강했을 것이다. 바둑 관전자들 사이에서는 '이창호가 흑을 잡으면 대국은 그냥 끝났네!'라고 느낄 정도였다는 말이다.

이창호의 흑은 천천히 상대를 압박하면서 마지막 돌 놓는 순번까지 그대로 선의 위력을 가져간다는 이야기이다. 바둑을 두면서 계산까지 완벽하게 하기 때문에 처음의 차이가 계속 이어지거나 차이는 계속 벌어진다는 셈이다. 그래서 상대는 제대로 두지도 못한 채 끌려가다가 어이없이 지게 되고 만다. 결과를 확인하면 '그래, 역시……' 하고 고개를 끄덕인다.

이창호 9단의 일화는 가히 신화적이다. 16세 때인 1992년 동양증권배 세계대회 결승에 오르면서 바둑의 역사를 바꾸는 혁명적 사건을 일으킨 주인공이었다. 결승 상대인 린하이펑 9단은 자기의 막내아들보다도 나이가 어린 이창호 9단에게 심리적 부담을 느꼈는지, 이창호 9단의 공격을 방어하지 못한 채 천재 소년 기사 이창호에게 힘 한 번 제대로 써 보지도 못하고 무너지고 말았다.

이창호는 그 이후로 10여 년 동안 세계 바둑계의 독보적인 존재로 영광을 누렸다. 그에게 '바둑 나라에서 온 소년', '전생 고수의 화신'이라는 찬사가 쏟아졌다. 혜성처럼 떠오른 신예 기사 이창호에게 중국의 내로라하는 기사들이 모조리 패하자 중국의 한 신문은 이창호 9단을 '돌부처'라고 하면서 '태산을 옮길 수는 있어도 돌부처를 흔들 수는 없다.'라는 제목으로 바둑 기사를 실었다.

일본기원의 한 원로 기사는 스스로 이렇게 자탄했다.

"아무도 이창호를 이길 수 없다. 수천 년을 이어온 우리의 공부 방법이 잘못되었거나 우리 모두가 바보이거나 결론은 둘 중의 하나일 것이다."

조훈현의 대국에서는 '흔들기'라는 말이 저절로 튀어나온다. '흔들기' 기법은 어떤 수를 놓기도 전에 꼼짝 못하게 바둑판을 좁혀 버리는 이창호의 전략을 깨보기 위한 무리수라는 말이다. 실제로 이 전략이 통하는 날도 있었지만, 단어 자체가 바둑 대국이 불리할 때만 나오는 탓에 깨지는 날이 더 많았던 것이다. 마치 안갯속에서 헤매는 판국과도 같아서 암흑의 연기처럼 서서히 옥죄어 오며 자기도 모르게 숨을 끊어 놓는 괴력이 나타난다 하여 '마교의 바둑'이라는 별명이 붙었다.

유창혁의 바둑은 이런 상황과는 반대로 '백白 번일 때 더욱 멋있다.'라는 이야기가 퍼져 다닌다. 봄꽃처럼 화사하면서도 웅대한 전략으로 돌을 쭉쭉 밀어 가는 그의 전략은 관전자들에게 상쾌함과 시원함을 동시에 안겨준다. 부분보다 대국 전체의 큰 전략을 멋있게 구사하고, 노림수보다는 상대도 아는 전략을 거침없이 쓰는데도 상대자는 그의 수법에 끌려들어가 어쩔 수 없이 당하게 되는 경우가 많기 때문이다.

유창혁의 바둑은 '공격의 바둑' 또는 '백도의 바둑'이라고도 일컫는다. 매우 날카롭게 공격을 퍼부어 한순간에 상대의 숨을 절묘하게 끊어버리는 멋이 뛰어나기 때문이다.

질이 좋기로 이름난 유창혁의 바둑은 일본 만화 《히카루의 바둑》에서 바둑 기보로 등장시키는 사례가 많았던 것으로도 유명하다.

제2장
승부의 세계

제 2 장
승부의 세계

프로바둑 기사들

이세돌 9단과 알파고의 대결을 통해 바둑에 대한 관심이 매우 높아졌다. 바둑계는 물론 바둑을 모르는 사람들까지도 이세돌과 알파고의 대국에 열광했기 때문이다. 그런 흐름을 타고 알파고가 이세돌 9단을 꺾은 이후, 어린이를 포함한 청소년 사이에서도 바둑 이야기가 화제로 떠올랐다. 하지만 구글이 인간을 상대하는 도전 과제로 인공지능 바둑을 등장시키기까지는 엄청난 정성과 노력을 기울여왔다.

바둑에서는 아마와 프로의 급수와 단수 체계가 무척 까다롭다.

아마추어 바둑에서는 최하급인 18급에서 1급까지 올라가는 급수와, 초단부터 7단까지의 단段이 있다. 아마의 급은 5→4→3으로 숫자가 낮을수록 실력이 높지만, 단은 3→4→5로 숫자가 커질수록 고단자 고수가 된다. 6단까지는 한국기원이 인정해 준다. 7단은 아마 전국대회에서 3회 우승해야 되는데, 1회 우승하면 6단을 받는다.

프로바둑은 초단부터 9단까지 있고 입단대회 등을 통해 매년 15명 정도씩 뽑는다. 과거에는 별도의 승단대회가 있었으나 최근엔 각종 대회 성적으로 점수를 매겨 승단시킨다.

한국기원의 입단대회를 거쳐야 프로 기사가 된다. 보통 10세 이전에 재능이 있으면 프로 기사들이 운영하는 바둑 도장에서 실력을 다진 뒤에 한국기원 연구생으로 들어가는 경우가 대부분이다.

바둑을 배우기 시작해 짧게는 6~7년, 길게는 10년 이상 공부해야 입단할 수 있고 실패하는 경우도 많다. 그래서 바둑을 처음 시작할 때에는 신중히 결정해야 된다고 말한다. 바둑 해설을 보고 이해하려면 최소 7~8급은 되어야 이해할 수 있는데, 그 정도는 보통 1년 이상 꾸준히 공부해야 가능하다. 그 정도가 되면 바둑 해설을 보면서 '알파고가 더 유리하다', '지금이 승부수를 날릴 때'라는 의미를 알아들을 수 있게 된다.

현재 한국의 프로 기사는 316명이다. 그 가운데 여성은 55명이다. 지금 입신入神으로 불리는 프로 9단은 70여 명 정도이다. 과거에는 승단 규정이 까다로웠다. 그런 연유로 해서 '바둑 황제'인 조훈현 기사도 입단 20년 만에 국내 최초로 9단에 승단할 수 있었다.

1990년대 중반에 단이 낮은 10대 기사들이 성적을 내면서 단의 권위를 10대들이 흔들어 놓았다. 그러자 기존의 바둑인들을 위해 승단 규정을 쉽게 만들었다. 그런 이후 9단이 크게 늘었다. 현재 국내 랭킹 1위 박정환 9단은 입단 4년 만인 17세 때 9단에 올랐다. 그러나 1년 동안 여러 전문 바둑 대회인 기전棋戰에 출전하여 상금을 수령한 프로 기사는 불과 50명 내외이다. 따라서 나머지 250명 정도는 부업을 안 하면 수입이 전혀 없다는 것이 현재의 상황이다. 그래서 프로 바둑 기사가 되는 길은 사법고시보다 어렵다는 말까지 생겼다. 사법

고시 합격자보다 프로 기사 타이틀을 거머쥐는 사람이 월등히 적다는 뜻이다.

바둑의 장점은 과연 무엇일까?

집중력 향상이다. 이세돌 9단은 어릴 적 잠시도 가만히 있지를 못하는 개구쟁이였으나 바둑을 배운 뒤에는 한 번에 3~4시간씩 조용히 앉아서 몰두했고, 계가를 하면서 자연스레 곱셈 등 산수 실력이 높아졌다. 바둑을 두고 계가를 하는 사이에 곱셈 능력을 터득하여 6세 때 구구단을 모두 깨우쳤다고 한다. 바둑을 통해 얻은 집중력은 학업에 큰 도움이 된다고 말한다. 그런 사실은 윤재웅 4단이 보여주었다. 그는 프로 기사 생활을 하다가 뒤늦게 다시 학업을 시작해 연세대 전기전자공학부에 입학한 뒤 행정고시에 합격한 인물이다.

세기의 대국

2016년 3월 9일~15일까지 1주일 동안 전 세계의 시선이 쏠린 곳은 이례적으로 가로세로 각각 19줄에 361개의 점이 있는 작은 바둑판이었다.

서울에서 인류 역사상 처음으로 사람과 인공지능 컴퓨터가 맞대결을 펼친 '세기의 대국' 바둑판에 지구촌의 이목이 모두 집중되었던 것이다. 단순한 바둑 대결의 차원을 넘어 인간과 인공지능 사이의 두뇌 플레이였기 때문에 온 인류의 뜨거운 관심이 쏟아졌다.

세계 최초 '세기의 대국'으로 불린 대결에서 '인류의 대표' 이세돌 프로바둑 9단은 인공지능 알파고를 상대로 구글 딥마인드 챌린지 매치 다섯 판을 장식했다. 세계의 바둑계는 물론이고 첨단과학계에서도 세기의 대국이 펼쳐지기 전부터 사람과 컴퓨터 누가 이길 것인가를 놓고 예상이 분분했고 말도 많았다. 그런 가운데 치러진 대결이라 지구촌 사람들은 인간 고수와 인공지능 알파고가 바둑판 위에 한 수 한 수 놓는 대국을 지켜보면서 긴장의 끈을 놓지 못했다.

대국은 1승 4패로 천재 프로 기사 이세돌 9단이 괴물 알파고에게 패했지만, 인간의 의지와 창의력을 보여준 투지에 세계가 경탄하였다. 그래서 이세돌과 알파고의 대국은 21세기의 대결로 기록되었다.

더구나 이번 대국에서 상금 대신 국민 사랑을 얻은 이세돌 9단 앞에 "바둑이 이렇게 아름다운 경기였던가?"라는 경탄과 찬사가 쏟아졌다. 수많은 사람이 1주일 동안 인공지능 알파고와의 대결을 보면서 감동한 것이다. 감정 없는 괴물 알파고 앞에서 겸손의 수를 둔 바둑계의 고수 이세돌 9단은 너무나 당당했다. 바둑계의 인간 대표로서 그가 잃은 것과 얻은 것은 무엇일까?

이세돌 9단과 20년을 지기지우知己之友, 곧 마음과 생각이 통하는 바둑 벗의 인연을 갖고 있는 한해원 프로 3단은 방송 인터뷰에서 이렇게 말했다.

"이세돌 9단의 마지막 경기를 모두 다 마음 졸이면서 지켜봤을 것이다. 누구보다 아쉬운 건 이세돌 9단 자신이 아닌가 싶다. 이세돌 9단은 '아마도 인생에서 가장 최고의 순간으로, 최고의 대국을 기록한 것 같다'고 이야기했다. 이런 중요한 대국의 경우에는 그 대국에서 실수를 했던 부분이 짧게는 몇 달, 길게는 몇 년까지 따라다니며 괴로운 자책으로 남는다. 그리고 그 중요도가 워낙 컸기 때문에 평생 기억할 그런 대국으로 생각하지 않을까 싶다."

사실 이세돌 9단은 승부욕이 강한 프로 기사 중의 한 명이다. 이세돌 9단에게 기대를 걸었던 수많은 사람이 5차례 대국이 끝난 뒤 무척 안타깝게 생각하고 또 아쉬워하면서 뜨거운 격려를 보낸 것도 그런 맥락이 아닐까?

"대국에 지고도 이런 격려와 찬사를 받아 당황스럽고 놀랐다."

이세돌 스스로 이렇게 털어놓았다. 마지막 대국이 끝난 날 이세돌 9단은 밤새 잠을 못 이뤘다. 바둑 내용 자체가 좀 이길 수 있었던 것 같았는데, 아니 분명히 이길 수 있었던 대국이었다. 초반에 오른쪽 아래에서 알파고가 실수를 하고 나서는 분명히 이세돌 9단의 집이 더 많아 보이면서 이길 수 있을 것으로 기대되었다. 그래서 알파고의 위쪽 변을 잘 깎아 가면서 평범하게 깔아가더라도 이세돌 9단의 집이 좀 많아 보이는, 그런 유리해 보이는 형세였는데 결국 패하고 말아 더욱 아쉬움이 많은 대국이었다고 분석했다.

이세돌 9단은 대국 후에 "욕심을 부렸던 것 같다."라고 고백했다. 백의 돌에 어떤 돌의 어깨를 짚어가던 수가 있었다. 일반적으로 많이 두는 삭감 수인데, 모양을 지워갈 때 적당히만 깎아 갔어도 이기지 않았을까 하는 그런 심정을 토로한 말이다.

만약에 이세돌 9단이 흑을 잡지 않고 백을 잡았더라면 또 결과가 달라질 수도 있었을 것 같았다. 마지막 5국은 경기 내용을 보아 끝까지 두고 계가를 했더라면 불과 한 집 반 차이 정도였을 것이라는 분석이 나왔다. 이런 계산은 덤이 7집 반이었던 것을 감안할 때, 더구나 한국 바둑 룰은 원래 6집 반이 덤이니까 한 집 차이가 난다. 한국 룰에 따른다면 5국은 반집으로 패배하는 것이다. 그러니까 바둑에서는 가장 극소한 차이로 패배를 하는 그런 상황이다.

백이었더라면 백 번으로는 이미 이기는 타파법을 어느 정도 발견한 상황이었기 때문에 분명히 이세돌 9단이 승리를 거두지 않았을까 하는 평가이다.

이세돌 9단 자신도 1국 이후 3연패를 한 것보다 5국에서 진 것이 가장 아쉽다고 밝혔다. 그런 만큼 "인생에서 가장 잊지 못할 바둑 대국"이라고 말했다. 실제로 1국부터 3연패를 당한 것은 알파고에 대해서 분석할 수 있는 자료들이 전혀 없었다. 상대를 전혀 모르는 상황에서 당한 것이다. 그러나 상대를 어느 정도 파악한 뒤 4국에서는 통쾌한 승리를 거두었다. 4국에서는 인간의 희망, 사람의 의지를 전 세계 모든 사람에게 보여주었다. 그 희망의 빛에 전 세계 사람들이 열광과 환호를 터뜨렸다. 프로 기사라면 모든 대국에서 최선을 다하지만 제4대국은 정말 모든 인류, 전 세계인이 바라보고 인류의 염원이 담겨 있는 그런 대국이었다. 최선을 다하려고 노력한 그의 투지에 더욱더 큰 의미를 부여하고 있다.

그러나 이세돌 9단에게는 지구촌의 이목에 엄청난 중압감을 느꼈을 것이다. 그 엄청난 중압감을 극복하면서 마지막까지 최선을 다한 것, 그런 모습에 지구촌의 바둑 팬들이 열광한 것이다. 세기의 대국은 결국 이세돌 9단의 1승 4패로 끝났지만, 이세돌 9단이 충격의 3연패 끝에 첫 승을 거뒀을 때에는 '경이로운 인간 승리'라며 모두가 다 함께 열광하였다.

이세돌 9단과 알파고의 마지막 대국을 점친 세기의 대국에서는 이런 예측들이 쏟아졌다. '승부처는 중앙'이라는 전망이 전체 순위 1위로 떠 오른 가운데, '이세돌, 오른쪽 아래 귀 큰 집 확보…… 알파고 대응책'은 6위로 처졌다. 또한, 이세돌 9단이 알파고를 상대로 첫 승을 거둔 제4국 평가에서는 '이세돌의 인간 승리…… 바둑 괴물 알파고도 백기 들었다'가 3위로 올라왔다. 대국 종료 후 이세돌 9단과의 인터뷰 기사들은 '이세돌 9단이 5국에서 돌을 거둘 때 울컥했다'는 평가들이 줄을 이었다.

'세기의 대국'이 남긴 메시지

인간과 알파고가 펼친 '세기의 대국'은 충격이면서도 한편으로는 무척 신기함을 연출했다. 새로운 세상을 열어 놓은 한 편의 드라마였다. 그러니까 인간과 기계가 대국을 하는 그런 장르가 개척된 것이라는 말이다.

하지만 인공지능과 인간의 단순한 대결이 아니라 인간과 기계가 공존하는 상호관계에서 서로 어떤 역할을 나누어 갖고 또 서로 단점을 보완해가는 그런 협력 관계가 시작됐다고 보는 견해도 많았다.

다섯 판의 대결을 보면서 가장 좋았던 순간, 기억에 남는 순간은 인공지능이라는 것이 바로 이런 것이구나 하는 것이었다. 가능성은 이런 것이고, 한계는 또 이런 것이다 하는 점을 사람들에게 공개적으로 보여줌으로써 지구촌의 수많은 사람이 인공지능에 관해 새로운 생각을 하게 되었다는 것이다.

기계와 인간이 경쟁 구도로 나가는 것은 역시 바람직한 상황은 아니다. 사람은 생명을 지녔는데, 기계는 그렇지 못하기 때문이다. 그래서 기계도 인간이 만든 것이고, 이것을 즐기고 사용하는 것도 사람이다. 하나의 게임으로서 받아들이기보다는 이겨야만 한다는 생각, 어떻게 이길 것인가 하는 구상, 승패에 계속 초점을 맞춰 놓은 게임의 성격, 인공지능이라고 하는 피조물의 성능, 문제 해결 능력에만 자꾸만 초점을 맞추는 데에만 너무 관심이 쏠렸던 대국이었다.

결국, 우리 사회의 경쟁 중심적인 그런 것과 너무 연결시키는 느낌이 강했다. 지구촌 최대의 바둑 축제로, 인류의 정말 진일보된 생활 패턴, 이런 쪽으로 이끌고 갔으면 훨씬 더 멋있고 화끈한 축제가 되었을 텐데 너무 승부의 세계로만 본 것 같아 아쉽다는 이야기가 많이 나왔다.

지금은 정보화 시대이고 컴퓨터 시대이며 첨단 문명 시대이다. 우리가 인공지능에 대한 생각, 컴퓨터에 대한 지식이 너무 없었고 또 정보도 없었다. 이건 어떻게 만들어졌고 어떤 특성이 있으니까 어떻게 우리가 활용하고 대처해야 된다는 그런 분석이 부족했다.

옛날 《손자병법》에 '지피지기知彼知己면 백전백승'이라고 했다. 적의 상황을 바로 알고 나의 처지를 바로 안다면 백번 싸워도 모두 이길 수 있다는 교훈이다. 그런 기초가 거의 없이 기계에 너무 우리가 겁 없이 도전했다는 말이다. 인간과 기계의 대결이라고 일방적으로 인간에게만 무게를 둔 한 판의 게임을 구경한 셈이었다. 그런 식으로 몰고 간 탓에 인간은 인간대로, 구글은 구글대로 어떻게든 이기고 보자는 식이었다. 바둑의 바이블인 바둑의 《위기 10결》을 인간도 컴퓨터도 모두 무시해 버렸다는 지적까지 나왔다.

어떤 면에서는 인간 대 기계의 대결이 아니라 알파고를 만든 인간과의 대결을 알파고라고 하는 무 생명의 기계가 대신해준 게임, 기계와 인간의 대결, 바둑을 두는 사람하고 바둑 두는 프로그램을 만드는 사람과의 게임, 그런 대결로 치달은 감이 컸다. 그래서 인간의 최고 고수인 이세돌 9단은 "다시는 이런 대국을 두고 싶지 않다."라고 했는지 모른다. 그런데도 세기의 대국은 새로운 것에 대한 흥미, 도전 이런 것들로 인하여 굉장히 많은 재미와 관심을 갖게 하였다.

만약에 알파고와 인간의 또 다른 재대결이 이루어진다면 어떻게 될까? 그때 상대자가 이세돌 9단이건, 다른 기사이건 다시 대결한다면 어떻게 될까? 하는 이야기도 많다.

　문제는 치명적인 묘수를 놓아도, 변칙으로 비틀어도, 알파고는 아무런 표정이 없었다. 사람과 사람과의 대국이라면 상대자가 순간적으로 긴장하면서 상대방 얼굴을 쳐다보게 되는데, 알파고는 무 생명체라 표정이 없어 상대방이 생각과 승부 의욕, 감정을 읽을 수 없었고 대국 호흡도 푹 가라앉고 말았다. 이걸 극복할 수 있는 대담성이 부족했다. 그러나 흔들리지 않는 냉철함이 알파고의 최고 장기였다. 이세돌 9단으로서는 20년 넘는 바둑 인생에서 처음 경험한 황당한 상황이었다. 패배를 인정하면서도 아쉬움이 남는 이유가 바로 그것이었다.

　하지만 얼굴 없는 기계 알파고에 3연패하고 첫 승리를 거둔 뒤 이세돌 9단의 승부사 기질은 본격적으로 드러났다. 그런 기질은 마지막 5국에서 중앙으로 나가는 대신 집을 내고 살면서 쉽게 이기려는 바둑을 두었지만, 알파고는 직관이 아니라 놀라운 계산으로 맞섰다.

　슈퍼컴퓨터 1,000대를 연결한 인공지능과 뇌 하나로 당당히 맞선 이세돌 9단은 이번의 아쉬움을 곱씹으며 더 빛나는 미래를 기약했다.

　"사람의 바둑 실력은 그렇게 금방 향상되는 게 아니다. 마찬가지로 컴퓨터의 수리 능력을 우리가 완전히 파악할 때까지는 시간이 좀 걸릴 것이다."

무한수에 도전한 게임

바둑은 가능성도 많고 거의 무한에 가까운 수에서 뭔가 찾아내는 것이므로 전통적인 컴퓨터로 안 되는 부분이 있다고 보는 것이다. 그래서 어떤 식으로든 개선이 될 것 같다는 전망은 분명하다.

중요한 것은 이번에 알파고가 무슨 기풍이 있다든가 새로운 수를 개발했다든가, 그것은 알파고가 하는 게 아니라 그걸 만들고 보는 사람들의 몫이라는 점이다. 실제로 알파고 같은 수를 연구해서 바둑의 정체된 것을 개선한다면 바둑의 새로운 영역이 지금까지의 고정관념 틀을 벗어나 새롭게 진화할 것으로 바둑계는 보고 있다.

알파고는 아주 단순하게 이길 수 있는 방법으로 남은 수 가운데서 이길 수 있는 계산이 가장 높은 수를 찾는 그런 방법을 구사하고 있다. 그런데도 컴퓨터를 만든 사람들의 이야기로는 앞으로도 이것이 어떻게 진화하고 어떻게 발전할지 아무도 예측하지 못한다는 것이다.

알파고는 주는 자료만 가지고 그 자료 가운데 좋은 것만 선택해서 내보내는 것이 아니라 준 자료를 상호작용을 통해서 자가발전을 한다는 것이다. 그래서 그 기능이 무섭고 놀랍다고 한다. 인간이 반드시 밥을 줘야만 움직이는 기계가 아니라 준 밥을 저장하고 있다가 인간이 잠들고 있는 사이에도 그 밥을 먹으면서 계속 발전하고 있다는 이야기이다. 쉬지 않고 계속 일하고 있다는 말이다. 스스로 공부하면서 어느 쪽으로 어떻게 발전해서 인간을 공략할지를 스스로 훈련하는 기계, 대단히 위협적인 존재라는 말이다.

인공지능 시대가 불현듯 우리 곁으로 찾아왔다. 상상 속에서나 가능한 일이고, 공상과학 영화 속 단골 소재 정도로만 알았는데 인공지능 시대가 우리 앞으로 성큼성큼 다가오고 있다. 그 인공지능은 인류에게는 축복일까? 재앙일까?

인공지능은 우리의 생각과 삶의 질까지 확 바꿔 놓을 것이다. 우리 삶을 앞으로 어떻게 바꿔나갈 것인가, 여기에 초점이 모아지고 있는 것이다. 인간의 윤리, 도덕적인 문제, 법률적인 것들까지 바꿔갈 가능성이 크다. 어쨌든 인공지능도 인간이 만든 가장 좋은 도구 중 하나라는 것은 틀림없다. 문제는 윤리, 도덕, 법률이라고 하는 것들이 하나같이 고정되어 있지 않다는 것이다. 자기 성찰적 존재로서의 인간 모습을 회복하는 것, 이것이 세기의 대국이 우리한테 던져준 중요한 메시지가 되었다.

입신 경지에 오르는 비결

이세돌 9단은 알파고와의 대국을 마친 뒤에 "인간이 인공지능에 패한 것이 아니라 자신이 패한 것이다."라면서 겸손한 모습을 보여주었다. 역시 입신入神의 경지에 오른 프로 9단의 겸손이었다.

중국의 커제柯潔 9단은 이세돌의 패배에 대해 이런 말을 해서 비난을 받았다.

"내가 알파고와 대국했다면 알파고의 약점을 찾아냈을 것이고, 그를 바탕으로 이겼을 것이다."

프로바둑계에서는 일단 10대 후반, 20대 초반의 승부사들이거나 세계 정상에 한 번 서 본 기사들은 흔히 '자신이 최강'이라고 생각하는 경우가 대부분이다. 그렇게 생각하는 까닭은 무대 위에 올라서서

열창하는 인기 가수와 비슷한 경우라고 보기 때문이다. 프로바둑의 승부사들은 대국에 임할 때 '내가 꼭 이긴다'거나 '상대 기사에게는 절대 지지 않는다'고 생각하고 또 '내가 세계 최강'이다, '나의 수를 믿는다'는 생각을 하면서 바둑을 두기 시작한다.

그런 흐름 때문에 중국의 커제 9단도 자기가 알파고와 대결했다면 이겼을 것이라고 말했는지 모르지만, 프로 9단으로서는 경솔한 발언이라는 지적을 받았다. 그런데 또 나중에 중국 언론을 통해 나온 보도로는 커제 9단이 '사석에서 개인적으로 한 말을 언론이 약간 과장해서 보도했다'고 불만을 터뜨렸다는 이야기가 나왔다. 프로 9단으로서는 해서는 안 될 발언을 또 거듭했다는 것이다.

이번 인간과 기계의 대결을 세기의 대결이라고 보는 것도 이세돌 9단이 홀로 역경을 이겨냈다는 놀라운 집념이 지구촌 사람들에게 감동의 드라마로 비친 것이다. 특유의 창의성을 바탕으로 알파고에게 전패를 당하지 않고 비록 5국 가운데 한 번 승리를 거둠으로써 이세돌 9단의 아름다운 메아리가 수많은 사람의 가슴으로 파고든 것이다. 이세돌 9단은 세기의 대국을 시작하기 전부터 유독 인간다운 바둑을 강조했다.

"알파고는 인공지능을 가진 기계이다. 감정이 없는 알파고는 바둑의 아름다움, 인간의 아름다움을 이해하고 바둑을 두는 것이 아니다. 그래서 바둑의 진미나 진가를 모른다. 하지만 이번에는 제가 꼭 인간의 위대함을 반드시 지켜낼 수 있도록 최선을 다하겠다."

이세돌 9단은 절망적인 패배의 순간에도 홀로 패자의 멍에를 떠안았다. 이는 실로 대단한 저력이다.

"오늘의 패배는 이세돌이 진 것이지 인간이 진 게 아니라고 생각한다. 이렇게 심한 압박감 부담감을 느낀 적은 일찍이 없었다. 그걸 이겨 내기에는 제 능력이 부족하지 않았나 싶다.”

이세돌 9단이 더 매력적인 사실은 패배 후에 엄청난 충격을 당하고도 강한 자신감과 겸손함을 보였기 때문이다. 이에 대해 그는 “바둑 기사가 갖춰야 할 기본 덕목”이라고 강조했다. 1승 4패로 밀렸지만, 불꽃 같은 승부로 바둑의 심오한 세계를 전 세계에 알려준 이세돌 9단, 인간미 넘치는 천재 프로 기사 이세돌 9단의 환한 미소는 수많은 바둑 팬들의 머릿속에 오래 기억될 것이다.

놀라운 프로 근성

이세돌 9단은 세계 정상권을 15년 동안 지켜오면서 바둑 고수로서의 성실함과 겸손함을 이어 왔다. 평상시에도 다른 사람을 배려하는 마음이 남달랐고, 그런 진솔한 자세를 늘 지니려고 노력하였다.

‘다른 사람이 어떤 생각을 하고 있을까?’에 대해서 굉장히 관찰을 많이 하고 그에 따른 행동을 하고 있다. 특히 30대로 접어들면서 그런 모습이 더 많이 눈에 띄고 있다.

20대 초반에는 대국할 때마다 많은 고민을 했다. ‘패하면 안 된다.’, ‘지면 밀려난다.’, ‘반드시 이겨야 한다.’라는 생각에 사로잡혀 있었다. 프로 세계의 대국에서 ‘질 수는 없다.’라는 말도 했다. 그래서 늘 긴장의 연속이었다. 이런 고민은 이세돌의 개인적인 고민이 아니라 모든 프로 기사들이 공통적으로 느끼는 현상이다. 대국에서 이겨야 한다는 고민과 생각은 프로 세계에서 살아남기 위한 방편이자 가야 할 길이기 때문이다.

프로바둑에서는 승부사들의 경우 10대 후반부터 20대 중반까지는 바둑 승부사로서 최고의 전성기를 누리는 시기로 여긴다. 그 때문에 그때에는 좀 더 자신감 있는 말을 하게 된다. 그러나 이세돌 9단의 경우에는 꼭 자신감이 있어서 저렇게 표출을 많이 했다기보다 모든 프로 기사들이 인터뷰를 할 때마다 거의 다 "그냥 최선을 다하겠습니다."라고 말하는 통설을 넘어섰다는 말이다. 10명이면 10명이 거의 모두 다 똑같은 말로 인터뷰를 한다.

　하지만 이세돌 9단은 그런 흐름에서 많이 비켜 서려고 노력했다. 그러다간 바둑계에서 인기가 떨어질 수 있다는 것도 생각했다. 예를 들면 "나는 좀 더 재미있는 바둑을 두고 싶다."거나 "남들처럼 그냥 최선을 다하겠다는 말보다는 재치 있는 말로 인터뷰를 하고 싶다."라고 생각했다. 실제로 그런 모습이 여러 인터뷰에서 드러나고 있다.

　이세돌 9단은 거침없는 성격의 프로 기사라는 말이 널리 알려져 있다. 그동안 이런 면모가 프로바둑계에서 여러 번 화제가 되었다.

　바둑계에서는 예전부터 제기된 것이 바로 시대에 뒤진 낡은 제도들은 개선해야 한다는 것이었다. 제도 개선을 할 때가 왔다고 거침없이 말했다.

　예를 들면 제도 개선이 필요하다는 주장들이 제기되던 그때는 이미 이창호 9단을 비롯해서 이세돌 9단 등 정상권의 프로 기사들이 대국마다 석권하고 있어서 다른 기사들이 올라설 수 있는 풍토가 거의 없어 힘든 상황이라는 것이었다. 일부에서는 승단대회를 따로 두자는 말까지 나왔다. 이에 대해 이세돌 9단은 이렇게 의견을 밝혔다.

　"이미 그런 시기도 있었다. 그래서 승단대회 자체를 따로 두지 말고 다른 기전들, 어차피 시행되고 있는 기전들에게도 점수를 부여해서 승단 제도와 비슷하게 운영해 가면 좋지 않을까? 하는 의견을 내놓기도 했다. 그밖에 많은 제도들에 대해서 이야기를 했던 것으로 알고 있는데 나도 그 부분은 무척 조심스러운 부분이었다."

이세돌 9단의 어린 시절의 모습은 정말 패기 넘치는 당당한 모습이었다. 지금과는 조금 다른 분위기를 연출하는 것이었다. 당시의 승단제도를 비판하고 기보 저작권 문제로 마찰을 빚다가 휴직 선언까지한 일이 있다. 그때는 기보 저작권 문제를 비롯해서 여러 가지 다른이유들로 한국기원과 마찰을 일으켰던 시기였다. 그런 이세돌을 가리켜 '당돌하다'는 말까지 떠돌아다녔다. 이세돌 9단으로서는 그때가 스스로도 가장 힘든 시기였다고 고백했다.

어쨌거나 이세돌 9단이 휴직하게 되는 사태가 벌어질 것이라고는아무도 예상하지 못했다. 프로바둑계에서는 '서로가 강경하게 나가다 보니 그런 문제가 생긴 일'이라며 안타깝게 여겼다. 최고 정상급의 프로 기사가 휴직하는 사태를 바둑계에서는 큰 충격으로 받아들였고, 이세돌 9단 본인 스스로도 충격이었다. 양쪽 모두 다 상처를 받은 그런 상황이었다. 이렇게 바둑 기사들이 공부를 안 하고, 대국을안 하게 되면 날카로웠던 승부의 칼날이 굉장히 둔탁해질 수밖에 없다는 말들이 쏟아졌다.

프로바둑계에서는 이세돌의 휴직 상태가 길면 길어질수록 모두에게 상당한 타격이 예상되는 일이라며 수습 방안을 찾느라고 걱정을하였다. 다행히도 바둑 팬들은 이세돌 9단이 꼭 복귀를 해야 된다고말했고, 그도 이 말에 따라서 6개월 만에 복귀했다. 이세돌은 복귀한뒤에 바둑계가 우려했던 걱정을 일시에 날려버리듯이 바로 24연승을 거두는 등 놀라운 기력을 보여주었다. 또 세계 대회에서도 좋은 성적을 거두는 등 예전보다 더 성숙하고 통쾌한 대국으로 정상급 프로 기사의 자세와 위상을 확실하게 보여주었다.

위대한 도전

이세돌 9단과 인공지능 알파고의 대결은 인류가 첨단 기계와 대결한 위대한 도전이었다. 비록 이세돌 9단이 승부에서는 졌지만, 인공지능이 초인간적 계산 능력을 지녔다 해도 인간의 창의성마저 흉내낼 수 없다는 사실을 보여주었고, 인간의 심오한 창조력이 무한한 가치를 지니고 있음을 확인시켜 주었기 때문이다.

그래서 국민들은 물론 지구촌의 수많은 사람으로부터 뜨거운 환호를 받았다. 한마디로 아름다운 도전, 지혜로운 대국으로 남게 된 것이다. 이세돌 9단이 알파고에게 1승을 거둔 것을 '인간의 쾌거'라며 한마디씩 찬사를 보낸 인사들이 많다.

그 가운데 인상적인 말은 이렇다.

"서양의 체스는 상대방의 왕을 죽여야만 이기는 제로섬 게임이지만 동양의 바둑은 백과 흑이 한 점씩 집을 지으면서 공존하며 승부를 가리는 게임이다. 바둑은 또한 승패를 다투는 여느 게임과는 달리 상대방과 소통하면서 대국하고 대국 후에는 많은 사람이 복기를 한다.

복기는 대국이 끝난 뒤에 그 대국을 점검하고 평가하기 위하여 처음 두었던 그대로 다시 바둑돌을 놓아 보는 복습인 것이다. 그래서 자기 자신만의 승리를 좇는 것이 전부가 아니라, 국민과 진지한 성찰이 더해진 소통을 하는 '복기의 게임'이라는 것이 매력이다."

"바둑의 대국은 어릴 적 시골집 사랑방에서 펼쳐지던 반상 위 흑돌과 백돌의 향연과도 같다. 그것은 밤하늘을 점점이 수놓던 별들이 내뿜던 신비로움 그 자체였다. 바둑이 우주의 원자보다 많은 경우의 수를 지닌 게임이라고 말하는 사람들도 있다."

"인간의 삶에서는 성공과 실패, 도전과 좌절, 위기와 기회의 길이 서로 반복된다. 한 판의 대국이 쌓이고 쌓이면서 훌륭한 바둑인으로 성장하는 것이다. 그런 가르침을 바둑은 말없이 가르쳐 준다."

"바둑은 상대와의 싸움이면서 동시에 자신과의 싸움이다. 바둑을 두는 사람은 싸움터에 나간 병사처럼 잠시도 한눈을 팔 수 없다.
이세돌 9단은 무미건조하고도 아무 감정도 없는 기계 알파고와의 싸움에서 말할 수 없는 고독을 짓씹으면서 피 말리는 대국을 펼쳤다. 361점의 교차점을 한 점 한 점씩 메꾸면서 돌을 놓고 또 놓았다."

바둑은 도를 닦는 구도의 길

독일의 세계적인 소설가 헤르만 헤세는 장편소설 《유리알 유희》에서 인간의 다양한 지식이 결합된 고도의 정신적인 게임을 등장시켰다. 다만, 그 게임이 어떤 놀이라는 설명을 하지 않고 실제로 존재하지도 않는 게임, "현실에 있다면 가장 가까운 게 바둑이 아닐까 생각한다."라고 밝혔다.

바둑은 도를 닦는 구도의 길이라고 흔히 말한다. 이는 바둑을 도덕이나 철학의 연장 선상에서 파악하는 것이다. 그래서 바둑은 도道이면서 예藝이고 기技라고 한다. 중국에선 도라고 보았고 일본에선 예술이며 한국에선 기예라고 여긴다. 이 세 가지 측면을 모두 갖춘 바둑은 인간이 할 수 있는 게임 가운데 가장 단순하면서 가장 복잡한 고차원의 게임이다.

바둑에는 객관적으로 증명이 불가능한 미지의 세계가 존재하며, 그것을 어렴풋하게 알아가는 것이 바둑 구도자의 공부 방법이라는 생각이다. 이러한 견해는 수천 년 동안 불변의 고정관념으로 전해져 왔다. 수십 년 전만 해도, 바둑 기량의 최고 전성기는 40대 후반에서 50대 초반이라는 것이 상식처럼 되어 있었다. 이런 흐름은 경험과 판단력을 충분히 쌓고, 원숙한 인생을 살 수 있게 된 뒤에야 종합적인 전략을 세울 수가 있다는 말이다.

이세돌과 알파고와의 대결은 그 승패를 넘어서서 '기계가 과연 인간을 정복할 수 있는가?'라는 중요한 질문을 인간에게 던졌는데 지금 그 대답을 분명하게 할 사람은 아직은 아무도 없다는 사실이다.

사람이 스스로 창조한 기술을 따라가지 못할 때, 그것을 어떻게 통제할 것인지는 앞으로 가장 중요한 숙제로 남을 수밖에 없다. 바둑을 두면서 생각을 가다듬고 창의력을 키워가면서 세상을 배워 간다고 말하는 사람들이 많다.

바둑을 두다가 상대의 묘수가 나오면 온몸에 전율이 일어나면서 흥분하게 되는 것도 사람이다. 바둑판에서 자기 마음대로 집을 지을 수 있고, 상대와 치열하게 싸우다가 타협도 할 수 있다.

일상에서 위기가 닥쳤을 때면 언제나 십계명과 같은 바둑에서 〈위기 10결圍棋十訣〉을 떠올리고, 공격하기 전에 먼저 자신을 돌아보라는 바둑의 요결 가르침은 자기 반성과 성찰의 교훈이기도 하다.

축구계에서는 바둑판 위에서 소리 없는 전쟁을 벌이는 바둑과, 그라운드에서 치열한 몸싸움으로 격렬한 경기를 펼치는 축구 사이에는 공통점이 참 많다고 말한다.

바둑의 〈위기 10결〉 가운데 상대를 공격하기에 앞서 자신의 허점을 살핀다는 공피고아攻彼顧我, 상대가 강한 곳에서는 자신을 보강하라는 피강자보被强自保의 가르침은 축구에서도 곧바로 적용하고 있는 가르침이라는 것이다. 축구 경기 중에 공격에 앞서 수비를 단단히 하고, 상대가 강한 곳에서는 전열을 가다듬어 차근차근 공격을 전개해 나가는 것이 바로 그런 상황과 비슷하다는 말이다.

바둑을 두며 판세와 수를 꿰뚫는 것과 스포츠의 세계는 어느 종목이나 정신적 피로와 스트레스가 쌓인다는 점에서 공통점이 있다. 마음이 흔들릴 때 바둑을 두면 마음의 안정을 얻게 된다는 말도 그런 맥락이다.

바둑은 '인생의 축소판'

게임에서는 전략이 없으면 이길 수 없다. 전략은 치밀한 계산에서 나오는 것이다. 바둑의 첫걸음은 '행마'에서 시작된다. 바둑을 두는 데 있어서 이 행마가 매우 중요하기 때문에 '행마 8법'을 꼭 익혀야 한다. 행마行馬는 바둑돌을 '쓴다'는 말인데 바둑판 위에 돌을 놓아 줄을 잇고 집을 짓는다는 뜻이다. 늘기 행마, 한 칸 행마, 두 칸 행마, 세 칸 행마, 입구口자 행마, 날일日자 행마, 눈목目자 행마, 밭전田자 행마의 8가지를 '행마 8법'이라고 말한다. 이를 간단하게 설명하면 이렇다.

'늘기 행마'는 말 그대로 늘려가는 것으로 먼저 놓은 바둑 한 알 옆에 붙여 가며 놓는 것이다. 이는 튼튼하기는 하지만 너무 느리다는 결점이 있다. 한 칸 행마, 두 칸 행마, 세 칸 행마법은 바둑판에서 나에게 유리한 그림인가를 보면서 한 칸부터 세 칸까지 띄워 가며 바둑알을 두는 것이다. 그러나 네 칸 이상은 잘 두지 않는다.

보통은 한자漢字를 붙여 입구자 행마, 날일자 행마, 눈목자 행마, 밭전자 행마법을 많이 사용한다. 이때에도 바둑판에서 나에게 유리한 그림인가를 보면서 두아야 한다. 이런 한자 표기의 행마법은 아주 빠르게 탈출하거나 상대를 포위할 수 있는 행마법이다. 우리 인생에서도 바둑의 행마법을 대입시켜 본다면, 삶에 있어서 많은 도움이 될 것이다. 그래서 바둑의 행마법은 곧 좋은 인생을 살아갈 수 있는 행마법이라고 일컫는다.

인생의 삶을 담아낸 바둑 용어가 인기를 끌고 있다. 바둑 한 판에 사실상 무한대의 경우의 수가 존재하기 때문에 바둑을 흔히 '인생의 축소판'이라고 말한다. 그 때문에 바둑 용어들은 일상생활과 미디어를 통해 널리 사용되어 왔다.

바둑 대국 중에는 호구虎口, 정석定石, 포석布石, 꼼수, 묘수妙手, 악수惡手, 자충수自充手, 꽃놀이패, 초읽기 등등 여러 용어가 오고 간다. 이런 말들은 매우 의미 있는 말로 활용되고 있다.

예를 들면 "호구虎口 잡혔다.", "정석定石을 두어라."라고 말하는 경우이다. 호구는 상대가 3점으로 에워싸며 포위해 마지막 한 점만 더 놓으면 죽음을 당하게 되는 위험한 상황이고, 정석은 모든 일의 기본기를 가리키는 말이다.

바둑 용어가 유행어로 인기

특히 '미생未生', '응답하라 1988' 등 바둑 용어가 등장한 드라마가 인기를 끌었고, 이세돌 9단과 알파고의 세기의 대결이 국민적 관심사로 떠오르면서 이런 바둑 용어도 덩달아 사람들의 입에 자주 오르내리며 새로운 전성기를 맞았다.

"초반 포석布石이 매우 중요하다."라고 말한다. 포석은 바둑돌의 초반 배치 전략을 뜻한다. 당장 집을 짓는 것이 유리한지 중반 이후를 도모하는 것이 전략상 유리한지를 결정짓는 일은 포석에서 결정된다고 말한다. 그 때문에 초반 포석에서부터 불리해지면 전체 바둑이 어려워지는 경우가 많아진다.

일상생활에서도 어떤 일을 시작할 때 "사전 포석 작업을 한다."라고 말하는데, 기초 전략과 공사가 탄탄하지 않으면 결과를 기대하기 어렵다는 뜻이다. '꼼수'는 눈에 쉽게 보이는 얕은 속임수로 상대방의 실수를 바라며 놓는 수를 가리키고, 묘수는 쉽게 생각해내기 어려울 만큼 기묘하고 뛰어난 수를 말한다.

우리 인생에서도 해결책이 보이지 않아 궁지에 몰릴 때에는 흔히 "묘수가 없을까?"라면서 고민하는 일이 있다.

악수는 수읽기나 판단을 잘못해 손해를 보는 나쁜 수인데, 실제로 바둑에서는 "묘수를 두어 이기는 경우보다 악수를 두어 지는 경우가 더 흔하다."라고 말한다. 자충수 역시 악수의 하나이다. 스스로 자신의 활로를 막는 바람에 자신이 놓은 돌이 위기에 몰려 불리한 결과를 가져오게 되는 경우이다.

특히 "장고에 돌입했다."라고 하는데 장고長考는 오래도록 깊이 생각하고 골똘히 궁리하는 상황이다. 충분한 시간을 소비하면서 다양한 변화의 가능성, 최선의 수순 등을 헤아려 돌을 놓기까지 깊이 몰입하는 과정이다. 일상에서도 중요한 선택을 앞두고 "장고에 돌입했다."라고 말한다. 그러나 바둑에서는 "장고 끝에 악수 난다."라는 말이 유행한다. 지나치게 오래 생각하는 것은 오히려 해가 되는 경우가 적지 않다는 것을 환기시켜 주는 경고이다.

대국에서 주어진 제한 시간을 다 쓰고 나면 초읽기에 들어간다. 초읽기는 대개 30초나 1분씩 3회 또는 5회가 주어지는 경우가 대부분이다. 매우 급박한 상황에서 선택이나 결정을 앞두고 "초읽기에 들어갔다."라고 표현한다.

꽃놀이패를 알려면 먼저 '패覇'를 알아야 한다. 패는 나와 상대가 놓은 돌이 서로 단수로 맞물려 있는 경우이다. 이때 서로 따내는 자리에 번갈아 두면 똑같은 모양이 반복될 수밖에 없다. 그 때문에 한쪽이 돌을 따내면 상대방은 다른 곳에 한 수 이상 둔 다음에 다시 돌아와 상대의 돌을 따내고 자기의 돌을 놓을 수 있도록 규정하고 있다.

패는 바둑의 변화를 가능하게 만들어 주는 묘미가 있다. 꽃놀이패를 쥐고 있는 쪽은 한 수를 잘못 두더라도 별다른 피해를 보지 않지만, 상대는 큰 피해를 벗어나기 힘든 상황의 패를 의미한다. "지금 상황은 나에게 꽃놀이패야."라고 말할 때 나는 어떤 선택을 해도 큰 손해가 나지 않지만 상대방은 선택에 따라 큰 위기에 빠질 수도 있는 상황이라는 의미이다.

소탐대실小貪大失은 고사성어로도 유명한 바둑 용어이다. 눈앞의 작은 이득을 탐하다 결국 큰 손해를 당한다는 뜻이다. 늘 상황을 전체적으로 살펴보고 이후의 수를 내다보라는 경구이다.

대마大馬라는 말도 자주 등장한다. 많은 돌이 놓인 큰 덩어리를 붙잡을 경우 '대마를 잡았다'고 한다. 대마가 상대방에게 잡히면 자신이 놓은 많은 돌이 전혀 쓸모가 없어지고 상대방에게 집을 내주기 때문에 승리보다는 지게 될 확률이 커진다. 하지만 결국 어떻게든 살길이 생겨 쉽게 죽지 않는다는 뜻의 '대마불사大馬不死'라는 말도 있다. '대마불사'는 규모가 매우 큰 회사가 경제적 위기에 몰리면 국민경제에 나쁜 영향을 줄 수 있다 하여 정부가 지원하는 의미의 경제 용어로도 널리 쓰인다.

이런저런 이야기로 바둑판에는 우주가 담겨 있다고 말한다. 바둑을 둔다는 일은 지금까지 쌓아온 자신의 실력을 무대에서 보여준다는 것을 말한다. 누군가에게 지기도 하고 이기기도 하고, 슬픔도 있었고 희열도 맛보면서 그 실력을 쌓아가는 것이 바둑이기 때문에 '바둑에 인생이 담겨 있다'고 말한다.

세기의 대국에서 "알파고가 감정에 휘둘리지 않았다."라고 말한 사람들이 많았다. 그런 사람들 가운데는 바둑에 인생이 담겨 있지 않고 그냥 보드게임이라고 본 것인지 모른다.

알파고는 감정이 없는 물체이기 때문에 어떤 감정에 휘둘리지 않았지만, 상대자였던 이세돌 9단은 사람이므로 극적인 상황에서 감정이 표출된 것이라는 사실을 잊고, 알파고를 사람과 똑같이 생각한 탓에 '감정이 있다' 또는 '감정이 없다'고 본 것이다.

'정석'의 세계

바둑의 '정석'이 수학 성적 문제로 고민하는 고교생들의 참고서 제목이 된 이야기는 50여 년 동안 화제를 뿌렸다.

전교에서 1등을 하는 학생도, 전교에서 100등을 하는 학생도 모두 갖고 있었던 가장 보편적이 부교재 참고서 책이 바로 《수학의 정석》인 때가 있었다. 1960~2000년대 대학입시를 앞둔 수험생이라면 누구나 한 권쯤은 가지고 있었던 당대의 베스트셀러인 이 참고서가 2016년 50주년을 맞았다.

이 부교재는 수학의 '바이블'이라는 말이 조금도 어색하지 않을 만큼 꾸준히 사랑받아온 스테디셀러다. 누적 판매량은 무려 4,500만 부 이상일 것으로 알려졌다.

서울대 수학과 출신으로 대학 시절부터 과외 개인 지도와 학원가에서 '족집게 강사'로 이름을 날렸던 홍성대 강사의 작품이다.

학비를 벌기 위해 고등학생들을 대상으로 과외를 하던 그는 국내 수학 참고서의 열악한 수준에 실망해 미국·프랑스·일본 등의 자료를 섭렵한 뒤 27세 때인 1963년부터 이 책을 집필하기 시작했다. 꼬박 3년을 매달린 끝에 초판을 내놓았다.

그런데 책 제목을 놓고 고민하던 저자는 책을 발행하기 며칠 전에 스승과 함께 바둑을 두었다. 그때 스승으로부터 "가장 효과적이면서도 분명한 기본적인 안정 수인 '정석定石'을 두어야 한다."라는 법을 배웠다.

"정석? 아! 그렇군요!"

그때 참고서 제목으로 쓰면 좋겠다는 생각이 번쩍 떠올라 그대로 지었다는 일화는 너무나 유명하다. 바둑에서 배운 정석을 어렵고도 까다롭다는 수학 참고서의 제목으로 삼은 것이다. 결국 바둑 용어인 '정석'을 학생들이 필수 참고서로 여기는 수학 책의 이름으로 삼아 바둑 용어를 널리 알리는 데 큰 역할도 한 셈이다.

저자는 이 책으로 번 돈을 1981년 자신의 고향 인근인 전주에 상산 고교를 설립하는 데 투자하고, 명문 고등학교로 육성 발전시켰다. 지금은 상산학원 이사장으로 학교 운영에 전념하고 있다.

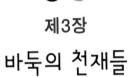

제3장

바둑의 천재들

제 3 장
바둑의 천재들

프로바둑의 5걸

한국 현대 바둑의 개척자 조남철 국수國手가 세상을 떠난 이후, 김인, 조훈현, 이창호, 유창혁, 이세돌 기사를 한국 프로바둑의 5걸로 꼽는다. 모두 프로바둑 9단의 최고 고수들이다. 바둑 5걸은 모두 조남철 국수의 지도를 받거나 영향 아래에서 큰 인물들이다.

한국 프로바둑을 빛낸 기사들은 많았지만, 그 가운데서도 한국의 바둑을 국내외에 자랑한 손꼽을 만한 스타급 기사를 가려서 프로바둑 5걸이라고 한다. 5걸은 그 활동이 걸출한 사람, 특별히 뛰어난 인물을 의미하는 것이다.

'김 국수' 김인

한국 프로바둑 5걸 가운데 한 사람인 김인 기사는 1943년 11월 23일 전남 강진에서 출생하였다. 조남철 국수의 도움으로 1962년에 일본으로 바둑 유학을 가서 기타니 미노루의 문하에 들어가 바둑 수업

김인

을 받았다. 15세 때 프로바둑 기사로 입단하였다.

김인은 "바둑의 본질은 변하지 않는다. 바둑에는 인생의 본질이 담겨 있다고들 하는데, 실제로 그렇다. 바둑은 단순한 수 싸움이 아니라 두뇌의 대결이다."라는 명언을 남겼다.

1963년 귀국하여, 스승인 조남철의 국수國手의 난공불락 아성을 허물면서 회오리바람을 일으키고 새로운 바둑 시대를 열었다. 1965년 이후 국수전, 패왕전, 최고위전, 명인전 등 바둑 대회에서 여러 차례 우승하였다. 1973년 조훈현에게 최고위전을 넘겨주기 전까지 10년 동안 한국 바둑계에서 전성기를 누렸다. 1983년에 9단으로 승단한 그에게 바둑계에서 '김 국수'라는 별명을 붙여주었다.

'공격형 기수' 유창혁

한국 프로바둑 5걸 중의 또 한 사람인 유창혁 9단은 1966년 4월 25일 서울에서 태어나 1983년 최연소 아마추어 국수에 오른 바둑 기사이다. 큰 세력을 바탕으로 상대의 돌을 공격하는 기풍이 뛰어나다는 평을 받고 있다.

처음에는 공격형 기풍의 대명사라 할 정도로 전투에 능하고 강한 모습을 보였으나 최근에는 때에 따라서 실리를 챙기는 등 상당히 유연해진 모습으로 바뀌었다.

1984년 프로바둑에 입단한 이후 신인대회 우승을 시작으로 세계대회 우승 6회 등 세계대회 그랜드슬램을 달성하였다. 1986년 제2기 신인왕전 우승을 시작으로, 1988년 제6기 대왕전 우승, 1990년 제2기 기성전 우승, 1992년 왕위전 우승을 따내고, 1993년에는 후지쯔배 우승, 왕위전 우승, 명인전 우승, 최우수

유창혁

기사상 수상 등을 차지하며 주위 사람들의 찬사를 받았다. 1994년에는 왕위전 우승, 천원전 우승, 진로배 우승을 거머쥐고, 1995년 왕위전 우승을 따내며 4연패를 달성하는 기록을 세웠다. 그 해에 기왕전 우승, 국수전 우승, 패왕전 우승, KBS 바둑왕전 우승 등을 모두 거머쥐었다.

이어서 1996년 프로 9단으로 승단하고 SBS 연승전 우승, 테크론배 우승도 차지했다. 1997년 잉창치배 우승, SBS 우승, 진로배 우승, 1998년 배달왕 우승, 1999년에는 후지쯔배 우승과 배달왕 우승으로 2연패를 따낸 뒤 왕위전 우승도 안았다.

새로운 천 년이 열리는 밀레니엄 첫해인 2000년에는 삼성화재배 우승, LG배 준우승, 제12기 기성전 준우승을 하고, 2001년엔 춘란배 우승과 맥심배 입신 연승 최강전 우승을 차지하였다. 우승 행진은 계속 이어지면서 LG배 우승, 맥심배 입신 연승 최강전 2연패를 한 뒤 2003년 제2회 CSK배 바둑 아시아 대항전 한국 대표로 나섰다. 2016 전자랜드 프라이스킹배 한국 바둑의 전설에서 우승을 차지하는 등

우승 행보를 계속 진행 중이다.

호남의 바둑 지맥地脈

현대 한국 바둑의 정상은 호남 출신 기사들의 독무대나 다름없다고 말한다. 부안의 조남철 이후에 강진의 김인, 목포의 조훈현, 부안의 조치훈, 전주의 이창호, 신안의 이세돌 등으로 이어지는 찬란한 신맥神脈 라인 때문에 그렇게 말한다. 우연의 일치라고 보기에는 어딘가 특이한 지맥地脈이 있지 않을까? 하고 여기는 것이다.

신기하게도 대한민국 프로바둑의 초대 국수인 조남철을 포함하여 프로바둑 5걸 천재들도 모두 호남 출신들이다. 특히 이세돌은 전남 신안군 비금도 출신인데, 비금도는 이세돌 때문에 알려지게 된 작은 섬이다.

호남 사람들은 영암 출신으로 목포로 이사한 조훈현과 강진의 김인 두 천재의 출현을 월출산 정기의 발현이라 믿는데 조금도 의심하지 않는다. 조훈현의 기풍은 월출산 북사면의 기암 연봉처럼 자유롭고 신묘하며 강한 맛이 있고, 김인의 기풍은 월출산 남사면의 갈대 능선처럼 부드럽고 온유하며 두텁다고 말한다. 다분히 견강부회 격으로 갖다 맞춘 논리 같지만 월출산 천황봉에서 그토록 절묘한 신의 섭리가 영암과 강진으로 내렸다는 풍수지리에 모두가 감탄하는 것이다.

백제 시대 때에 영암 구림 출신 왕인 박사가 일본에 문물을 전했다 하여 아직까지도 일본 사람들은 왕인을 스승으로 추앙한다. 혹시 그때 왕인 박사가 바둑판도 들고 일본에 간 것은 아니었을까?

중국에서 탄생한 바둑이 일본까지 전래된 데에는 필연적으로 한반도가 교량 역할을 했을 것이 분명하기 때문에 그런 생각도 가능하다.

삼국 시대 때에 일본 사람들은 일본열도에서 가까운 신라보다는 거리가 먼 백제를 교역의 대상으로 삼았다는 것을 역사가 전하고 있다. 여기서 일본 사람들이 오가는 백제의 창구 역할을 영암 땅 해창만이 맡았을 것이라고 추측하는 것이다.

그로부터 무수한 세월이 흘러간 뒤에 이 고장의 바둑 천재 김인과 조훈현이 일본으로 바둑 유학을 가서 바둑의 정수를 습득해 왔다.

예로부터 산세가 수려하고 풍요로운 호남 땅은 예술과 풍류가 발달할 수밖에 없었다고 전한다. 서편제와 육자배기, 문인화와 도예, 바둑 같은 취미가 성행한 것은 그런 신맥과 지맥이 상통한 것이 아닐까? 하고 이야기한다. 그런 내력들이 흐르고 맴돌고 고여 스며들었다가 마침내 오늘날 바둑이란 분야에서 호남의 바둑 지맥地脈으로 엄청난 잠재력을 폭발시킨 것인지도 모를 일이다.

영원한 '국수' 조남철

한국 바둑의 5걸을 길러낸 조남철 9단은 일본 유학파 기사로 이름을 날렸다. 어린 나이에도 불구하고 일본에서 바둑 타이틀을 여러 개 휩쓸었던 한국 프로바둑의 1세대 천재 조치훈 기사의 작은 아버지이다.

조남철

조남철은 잘생긴 외모로도 유명하다. 프로 역사상 40연승을 이룩하면서 연승 기록을 세운 전설적인 인물이다.

'바둑계의 거성' 조남철 국수는 1923년 11월 30일 전북 부안에서 태어나, 한국 바둑의 초석을 다지면서 한국기원 명예이사장과 명지대학교 바둑지도학과 객원교수 등을 역임하고, 2006년 7월 2일 84세로 세상을 떠난 전설적 인물이다. 1989년 은관문화훈장, 1998년 운경상 문화 언론부문상 등을 받았다.

한국인 최초의 일본기원 프로바둑 기사로, 한국 현대 바둑의 개척자로 한국기원의 전신인 한성기원을 설립하였다. 국수전에서 9연승을 하는 등 대한민국 최고의 프로 기사로 활약했고, 한국 바둑 기사의 실력 향상에 크게 이바지했다.

어려서 아버지로부터 바둑을 배워 눈부신 성장을 보였다. 1934년에 기타니 미노루가 중국을 방문한 후에 일본으로 돌아가는 길에 서울에서 '바둑 신동 조남철'의 소문을 듣고, 지도 바둑을 한 판 두었다. 기타니는 그 자리에서 자신의 문하에 입문을 권하였다. 조남철은 1937년 14세의 나이로 일본에 건너가 기타니의 문하생이 되었다. 17세 때 일본기원의 초단이 되어 일본 바둑계에서 활동하다가 1943년에 귀국하여 고향에서 해방을 맞이하였다.

1950년 대한민국에서 최초로 실시된 승단 결정전을 통해 3단으로 인정받은 이래 1983년 9단으로 승단하였다. 그 뒤 6·26전쟁에 참전하여 부상을 입었다. 1954년 《위기圍碁 개론》을 펴내 일본식 바둑 용어를 우리말로 고치는 데 큰 공헌을 했다.

1956년부터 시작된 국수전 제1기부터 9연패를 차지한 것을 비롯해 1950~1960년대 한국 바둑계에서 최고 기사로서 활약하였다. 또 김인, 조상연, 조치훈, 조훈현 등의 일본 유학을 지원했다.

동아일보는 1995년 명예 국수 칭호를 수여했다. 명예 국수는 조남철 9단이 유일하다. 2006년에 노환으로 바둑 인생을 마치자, 정부는 금관문화훈장을 추서하였고, 한국기원과 동아일보는 영결식장에서 고인에게 대한민국 최초의 대국수大國手 칭호를 헌정하였다.

'바둑 황제' 조훈현

한국 바둑의 5걸 가운데 한 사람으로 꼽히는 조훈현 기사는 한국의 바둑 신화를 창조한 기사이다. 조남철 국수의 뒤를 이어 한국 바둑계의 국수國手로 존경받는 천재 기사 조훈현은 전지전능하다 하여 '전신'이라 불린다.

조훈현

그는 9세 어린 나이에 프로에 입단하면서 세계 최연소 프로 입단 타이틀을 달았다. 한국기원 최초의 프로 9단이자 세계 통산 최다승 보유자로 금자탑을 쌓은 인물이다. 한국 바둑이 중국과 일본 무대에서 천대받을 무렵에 단 한 장의 대표 선수 티켓을 들고 바둑 대회에 출전해 우승을 차지하고, 한국 바둑을 정상의 자리에 올려놓았다. 끝판의 마무리가 천하일품이라 하여 '끝판왕'이라는 칭송을 받았다.

조훈현은 속도전을 펴는 기사로 이름난 프로 기사이다. 초반부터 빠른 속도전을 펴면서 컨트롤을 잘해 상당히 이득을 본 후 빠른 확장과 더불어 쉬지 않고 국지전을 벌이는 독특한 전법을 구사한다. 조훈현의 상대들은 국지전에만 신경을 쓰다가 정신을 차리는데, 그

때는 이미 판이 기운 뒤가 된다. 조훈현이 이미 바둑판을 완전히 점령해 버린 것이다. 문제는 국지전에만 신경을 써도 밀릴 만큼 조훈현은 전투의 신으로 불린다. 부분적인 수 읽기와 감각만큼은 조훈현 국수가 세계 최강이다.

'바둑 황제' 조훈현은 1953년 3월 10일 전남 영암에서 태어나 목포로 이사했다. 제16회 프로 입단대회서 9세 최연소로 입단한 천재 기사로 목포대학교에서 명예 체육학 박사를 받았으며, 현재 새누리당 비례대표 국회의원으로 활동 중이다.

"당분간 바둑 대회에는 출전하지 않고 국회 활동에만 전념하고 있다. 정치는 바둑보다 더 어려운 세계 같다."라고 말하는 그는 "4년 뒤에는 다시 바둑계로 돌아오겠다."라고 밝혔다.

《바둑 전관왕》은 바둑의 고수이자 승부의 고수로 오랜 시간 살아온 조훈현 9단이 자신이 살아온 인생을 기록한 첫 에세이다. 그 어느 때보다 '생각의 힘'과 '생각의 경험'이 필요한 요즘, 그와 관련해 인생에 담대하게 맞설 수 있는 조언을 담아 놓았다. '아플수록 복기해라.', '생각을 크게 열어라.', '사람에게서 배워라.', '이길 수 있다면 반드시 이겨라.'와 같은 경험 철학을 담아 놓은 '고수의 10가지 생각법칙'은 그가 반세기를 넘는 긴 세월 동안 바둑 인생을 살아오며 얻은 소중한 깨달음이다.

조훈현 9단은 1989년 제1회 잉창치배 결승전 마지막 대국에서도 상대 네웨이핑의 공세에 꿋꿋하게 버티며 129번째 수에서 승부의 반전을 극적으로 이루어냈다. 그런 저력을 이뤄낼 수 있었던 것은 심리적 압박감 속에서도 '나만의 새로운 수'를 내기 위해 생각하고 또 생각했기 때문이었다.

한국·중국·일본의 동양 3국이 바둑의 중심국이기에 3국의 비중도 결코 어느 한 나라에 기울지 않고 팽팽한 역할 분할을 이루고 있어 균형적이다. 중국은 바둑의 발상지이자 엄청난 바둑 인구를 지니고 있는 종주국宗主國이고, 일본은 바둑을 예도藝道의 차원으로 승화시킨 나라이며, 한국은 두 나라와의 진검 승부에서 승승장구를 거둔 강대국이다. 3국의 바둑 영웅들이 펼친 극적 드라마를 소재로 삼국지를 구성한다면 세계대회에서 압도적인 기량을 발휘한 결정적 주연은 바로 조훈현 9단이라고 일컫는다.

불굴의 투혼으로 일본 기단을 주름잡았던 조치훈 등 빛나는 별 같은 영웅호걸들이 즐비하지만, 그 어떤 인물도 조훈현의 기록과 업적을 능가할 사람은 찾아보기 힘들기 때문이다. 오직 한 사람, 세계 랭킹 1위 이창호가 기록상으로 조훈현을 앞서지만, 그의 존재는 조훈현을 더욱 빛나게 하는 현재 진행형, 혹은 미래형이라는 것이다.

한국 바둑의 '거인'

조훈현은 한국 바둑의 '거인'으로 불린다. 조훈현의 위대성은 침체되어 있던 한국 바둑계를 세계 정상으로 끌어올렸다는 점, 그리고 이창호를 제자로 키워 바둑 천재의 계보를 이었다는 점, 이 두 가지만으로도 충분히 인정받고 있다.

한국 바둑은 바둑계의 개척자인 조남철 기사가 처음으로 일본 유학을 통해 그 뿌리를 내렸고, 김인, 윤기현, 하찬석 등이 일본에서 체계적인 바둑 수업을 받고 귀국해 국내 바둑계를 풍요롭게 했으며, 조훈현과 조치훈 두 천재가 조기 유학을 통해 천부의 재능을 닦으면서 탄탄하게 다져졌다.

일본 바둑의 천재 사관학교라는 세고에 기원의 원장인 세고에瀬越 9단은 이미 고령으로 더 이상 유능한 인재를 발굴하기 어려울 것 같다면서 조용히 지내던 상황에서 조훈현을 만나 그의 기재를 알아보고 마지막 제자로 받아들였다.

"조훈현은 하늘이 내린 재주와 행운을 완벽하게 거머쥔 천재이다."

조훈현은 이렇게 하여 큰 스승 밑에서 바둑을 배우고 귀국해 한반도를 평정하고 있을 때 중국 대륙에서 섭위평이라는 거물이 등장해 슈퍼스타로 떠오르고 있었다.

녜웨이핑聶衛平이 위력을 떨치자 대만 출신 잉창치應昌期 기사가 바둑올림픽이나 다름없는 잉창치배 국제바둑대회를 창설하였다. 이는 섭위평을 염두에 두었으며, 바둑의 발상지인 종주국宗主國으로서의 권위와 명성을 떨쳐 보자는 의도가 다분히 깔려 있다고 전한다.

그러자 일본은 세계 최초의 국제대회를 중국인에게 빼앗길 수 없다며 발버둥쳤다. 일본은 부랴부랴 후지쯔배를 창설했다. 바야흐로 중국과 일본에서 바둑의 춘추전국시대가 열린 것이다.

우승 상금 40만 달러가 걸린 잉창치배 국제바둑대회에 한국은 달랑 조훈현 한 명밖에 초청을 받지 못했다. 당대의 고수들이 대결하는 국제바둑대회에 우리 바둑이 푸대접을 받았던 시절의 이야기이다.

처음엔 대회 참가를 거부하려는 움직임도 있었으나 조훈현은 혼자 말을 타고 달린다는 필마단기로 출전, 고바야시와 린하이펑을 연파하고 결승에 오르면서 돌풍의 주역이 되었다. 결승 대항마는 역시 녜웨이핑, '철의 수문장'으로 소문난 녜웨이핑과 '한국의 천재' 조훈현의 대결은 필연적일 수밖에 없었다. 제1회 잉창치배 결승에서 만난

두 사람의 혈전을 적벽대전이라고 불렀다. 이 세기의 라이벌은 중국 항저우와 싱가포르를 오가며 다섯 차례 대국으로 펼쳐졌다.

최종 대첩은 싱가포르에서 열렸다. 지극히 불리한 상황 속에서도 치열한 투혼과 지략을 동원해 대국한 끝에 조훈현이 3대2, 실로 극적인 역전승을 거두었다. 한국 바둑의 저력을 유감없이 드러낸 쾌거로 기록되었다.

조훈현 기사는 40만 달러의 거금과 '바둑 황제'라는 칭호를 얻었다. 한국 바둑은 이때부터 중국, 일본의 틈바구니를 비집고 3각의 한 모서리를 차지하게 되었다. 사상 최초, 사상 최대의 큰 승부에서 조훈현의 벽에 부딪힌 녜웨이핑은 바로 그 순간부터 퇴락의 길을 걸었다. 그러면서도 복수의 칼을 갈면서 이런 말을 공공연하게 던졌다.

"우리는 호랑이 새끼를 키우고 있다. 훗날 나의 제자들이 성장하게 되면 당신들은 중국 바둑을 당해내지 못할 것이다."

그 '호랑이 새끼'는 다름 아닌 상호였고, '당신들'은 대한민국의 프로 기사들을 지칭한 말이다. 그러나 상호는 그의 기대에 부응하여 중국 대륙의 1인자로 떠올랐지만, 한국의 이창호 기사의 벽을 넘지 못하고 허둥거렸다.

9세 때 세계 최연소 입단

세계 최연소 9세 입단에서부터 최고령 타이틀 보유 기록에 근접한 불가사의한 생명력, 국내 전관왕 및 국제 대회 사이클링 히트를 비롯해 무려 150여 회의 타이틀 획득 기록과 세계 최다승 기사로 떠오른 바둑 황제 조훈현 9단의 찬란한 업적은 이제 바둑 무대에서 정치무대로 바뀌었다.

일본 메이지 대학교 출신인 아버지와 자애롭고 명석한 어머니는 일제강점기에서 벗어나 광복된 다음 해 전남 영암 땅에서 자녀들의 교육을 위해 목포로 이사했다.

바둑계 인사들은 입을 모아 이렇게 말한다.

"조훈현이 바둑을 두지 않고 다른 길을 택했어도 크게 성공했을 것이다. 명석한 두뇌, 깔끔한 대인관계, 치밀한 두뇌, 남다른 호기심과 자유분방한 상상력 등은 그의 장점이자 특기이기도 하다. 인간 조훈현은 성공인이 되기에 필요한 자질을 아주 많이 소유하고 있는 인물이다. 만약 그의 부친이 사업가로 계속 승승장구했다면 아마도 바둑 황제 조훈현은 지금 이 자리에 없었을지도 모른다. 부유한 환경의 소년이 그 당시만 해도 잡기 따위로 취급받던 바둑에 몰입할 이유는 없었을 테니까."

아버지는 바둑을 무척 즐겼다. 하는 일이 뜻대로 풀리지 않자 2층 거실에서 조카사위와 바둑을 두었다. 그때 두 사람의 실력은 7~8급 정도. 신중한 성격의 아버지는 진지한 장고파의 기질이었다. 그래서 자연스럽게 맞수 조카사위와 도낏자루 썩는 줄 모르는 신선놀음을 즐겼다.

가족들에게 2층은 성역이나 마찬가지였다. 올라가 봤자 재미도 없었고 꾸중 듣기가 일쑤였다. 그런데 유독 네 살짜리 아들(조훈현)은 어른들이 바둑을 둘 때마다 계단을 기어 올라가 물끄러미 판을 바라보는 것이었다. 의외로 얌전하게 관전자의 매너를 지켰다. 유별나게 고집 세고 활달한 아들인데 바둑판 옆에서는 진지하게 앉아 있는 게 대견스러워 아버지는 아들에게 2층을 언제든지 출입할 수 있도록 아량을 베풀었다. 그러던 어느 날, 맞수끼리의 대국이 한참 점입가경으로 접어들어 난전이 전개되고 있는데, 어린 관전객이 훈수를 던졌다.

"아부지에, 거기 놓으면 안 돼라우!"

그러나 아버지는 자기 생각대로 돌을 놓았다. 그런데 나중에 복기를 해보니 바로 그 수가 패착 수였다는 사실을 확인하였다. 그때 두 사람은 네 살짜리의 훈수가 예사롭지 않은 묘수였다는 것을 공감했다.

"저 애가 혹시 수를 제대로 읽은 거 아닐까요?"

"에이, 이제 겨우 네 살인데 뭘 알겠어?"

어른들의 대화를 묵묵히 듣던 꼬마가 자존심 상한 듯 대꾸했다.

"나도 바둑 둘 줄 알아유."

이 말에 기가 막힌 아버지는 아들을 바둑판 앞에 앉혀 놓고 흑을 밀어 주었다. 그것이 첫 대국이었다. 어린 꼬마는 거침없이 똑딱똑딱 바둑알을 내리꽂았다. 그날부터 2층의 풍경은 확 달라졌다. 맞수들의 대결에 꼬마 관전자가 붙은 게 아니고, 3자 대결로 대국이 벌어진 것이다.

며칠 뒤에 아들은 아버지에게 바둑 기원에 가고 싶다고 말했다. 아버지는 '네가 이기면 데리고 간다'는 조건을 걸고 부자父子가 내기 바둑을 두었는데 어이없게도 아버지가 아들로부터 충격적인 패배를 당하였다.

"아! 글쎄, 얼렁뚱땅 집이나 지어대던 철부지가 아홉 점의 기착점을 바탕으로 너무나 간단하게 승리를 닦아 버리는 게 아닌가!"

이제 기원에 데리고 간다는 약속을 꼼짝없이 지켜줘야 할 판인데, 그렇다고 담배 연기 자욱한 어른들의 사랑방에 어린애를 데리고 가긴 좀 찜찜하였다. 그럴 즈음 서울대를 나와 목포여고 수학 교사로 있는 처조카 박승곤이 나섰다.

"고모부, 기원에 데리고 가 봅시다. 보통 아이가 아닌가 봐요. 비록 아홉 점이지만 7급을 이겼잖습니까? 게다가 신문에 게재되는 국수전 기보까지 줄줄 외우는 걸 보세요. 전문가한테 제대로 판정을 받아볼 필요가 있을 것 같습니다."

그렇게 해서 어린 훈현이는 바둑을 구경한 지 한 달도 채 안 된 때에 기원과 인연을 맺게 된 것이다. 기원에서는 '신동'이라는 찬사가 쏟아졌다.

"기예나 예술은 그 사람의 인생만큼 커 나간다."

어느 철학자의 말이다. 예술이나 기예에서는 연륜이 그만큼 중요하다는 것이다. '예술은 길고 인생은 짧다'는 말과도 상통하는 격언이다. 바둑도 마찬가지로 인생의 두께와 비례하는 것이 당연하다.

조남철 국수의 제자가 되다

1958년 겨울, 아버지는 어린 아들을 데리고 무작정 서울로 왔다. 동대문 밖 보문동에서 신혼 중인 큰딸 집으로 들어갔다. 그리고 당시의 일인자 조남철 국수가 운영하는 명동의 송항기원으로 아들을 데리고 갔다.

'현대 바둑의 아버지'로 통하는 송항기원 원장 조남철 국수는 목포에서 올라온 '신동'과 대국을 펼쳤다. 9점 바둑이었다. 그런데 소년의 바둑이 예사롭지 않았다. 뚝딱뚝딱 속기로 일관하면서도 제법 행마의 틀을 갖추어 나가는 솜씨가 놀랍고도 대단하였기 때문이었다.

그러나 조남철 국수는 아무 표정도 짓지 않으면서 '신동'의 실력을 분석하며 대국을 진행했다. 어린 '신동'이 신중한 장고를 거듭하는 표정으로 최선의 수를 찾아내며 응대하는 모습이 천진난만하고도 기특하게 여겨졌다. 승부는 3시간 뒤에 국수의 승리로 끝났다.

"과연 신동답다! 어디 한 판 더 두어 볼까?"

"예? 또 둡니까?"

조훈현은 그러면서 조남철 국수의 얼굴을 바라보았다. 바둑 한 판을 3시간이나 둔 것이 너무 징그러웠는데, 또 한 판을 더 두자니 넌덜머리가 난 듯 고개를 저었다. 그러자 주변 사람들이 소년을 추켜세우면서 바둑판 앞에 다시 앉혔다.

당시 어린 훈현에게는 3시간을 대국하고 또다시 바둑을 둔다는 일은 생각도 못한 지옥 같은 대국이었겠지만 주변 사람들은 모두 경이로운 시선으로 그 판을 지켜보았다. 조남철 국수는 그때까지 지도 대국을 두 판이나 둬준 적이 없는 분이었기 때문이다. 그렇게 두 번에 걸쳐 '목포 신동'의 기력을 테스트하고 난 조남철 국수는 훈현의 급수를 강한 8급으로 인정해 주면서 제자로 삼았다. 여기서 그의 바둑 인생은 새로운 운명을 맞았다.

훈현이를 조남철 국수에게 맡긴 아버지는 아들의 미래를 믿고 기꺼이 밑바닥 인생을 자청해 성북구 보문시장에서 채소 장사를 시작했다. 일본에서 대학을 나온 지식인이 작은 시장의 채소 상인으로 나선 것이다.

좌판을 지키는 일은 거의 어머니의 몫이었지만, 그들 부부는 막내아

어린 시절의 조훈현

들이 일본 유학을 갔다 온 뒤로도 한참 동안까지 채소 장사를 했다.

그러니까 조훈현 기사가 바둑인으로 성공하여 가세를 일으킬 때까지 무려 20년 넘게 보문시장의 터줏대감 채소 상인으로 일을 해온 것이다. 그 세월 동안 좌판의 규모는 커진 적이 없었다. 겨우 한두 평 남짓한 좌판에 오이 몇 개, 고추 몇 개, 깻잎 몇 단을 놓고 지나가는 사람들에게 팔았지만, 부부는 시장에서 그 누구도 생각 못한 웅대한 희망의 카펫을 깔아 놓은 전설의 인물이 되었다.

취미는 독서와 등산

바둑 황제 조훈현의 취미는 등산과 독서로 알려져 있다. 등산은 어른이 된 뒤에 건강을 위해 택한 것이지만, 독서는 어린 시절부터 몸에 밴 선천적 취미였다. 독서라고 해서 고상한 것도 아니다. 읽기 편한 만화책을 눈에 띄는 대로 모조리 훑어보는 것이었다.

서울 삼선초등학교 1학년 때 한국기원이 생기자 원생 자격으로 다니면서 바둑 공부를 하게 되었다. 여기서 바둑 천재 소년의 또 다른 길이 열렸다. 한국기원의 재롱둥이로 모든 사람의 사랑을 한몸에 받은 소년에게 당시 아마추어 고수인 신면식 기사가 혼 좀 내 주겠다며 나섰다가 중반에 대마를 잡히고 두 손을 들고 말았다.

"네가 나보다 세구나!"

그 광경을 지켜보던 한 노인이 찬탄을 금치 못하며 훈현이의 후원자가 되어주겠다고 나섰다. 그 사람은 바로 이학진 기사였다. 조훈현의 매니저를 자임하고 많은 바둑책과 옛 기보를 모아 주었고, 체계적인 행마법을 가르쳐 주었으며, 만나는 사람들에게 조훈현을 소개하였다. 조훈현의 바둑 인생은 뜻밖의 후원자들을 만나면서 쑥쑥

자랐다.

1962년 4월 조훈현은 9세 때 제16회 프로 입단대회에서 김수영과 단둘만이 당당하게 통과했다. 목포에서 상경한 지 4년 만이었고, 입단대회에 도전한 지 세 번째 만에 얻은 결실이었다. 아홉 살짜리 프로 기사의 탄생은 전무후무한 일이어서 언론의 요란한 조명을 받으며 세간의 화제가 되었다.

소년 프로 기사가 탄생했다는 소식에 정계의 거물들이 관심을 보였고, 급기야 야당의 중진 정해영 국회의원은 조훈현과 김수영을 자택으로 초대해 함께 머물게 하면서 뒷바라지를 하기 시작했다. 그 뒤를 이은 후원자는 박종규 청와대 경호실장이었다.

요즘에는 연구생과 일반인들의 입단 제도가 공존해 조금 나아졌다지만 과거 우리 바둑계의 입단과 승단 제도는 일본보다 훨씬 어렵고 엄격하여 '바늘구멍'으로 불렸다. 그런 관문을 조훈현은 9세에 통과했다. 40년이 지난 지금까지 그 기록은 깨지지 않고 있는 세계 최연소 입단 기록이며, 기네스북에도 올라 있는 공식기록이기도 하다. 천재의 기록은 오래가기가 쉽지 않다는 것이 통설인데 조훈현의 최연소 입단 기록은 불멸의 기록인양 아직도 당당하게 기록의 보물창고에 보관되어 있다.

조훈현은 2남 4녀의 형제자매 중 다섯째로, 형 1명, 누나 3명, 아래로 여동생이 1명이다. 큰형(조종현)은 영화필름 도매업, 큰누나는 초등학교 교사로 정년퇴직, 작은누나 조경자는 여성 최초의 국립도서관장, 셋째 누나는 아버지의 뒤를 이어 교육용 교재 제조 사업을 하고, 막내 여동생은 미국 L.A에서 사업가로 활동 중이다.

조훈현 9단은 지금 서울 종로 평창동 저택에서 살며, 백발의 어머니를 모시는 효자로 이름났다.

바둑판의 야전사령관

"조훈현이 일본에서 돌아왔다!"라는 소식이 관철동 바둑 동네에 퍼져나갔다. 1963년 일본으로 유학을 떠났던 조훈현이 10년 만인 1973년 3월 군 입대를 위해 귀국한 것이다. 100년에 1명 나올까 말까한 천재라는 찬사를 들은 조훈현은 일본 유학 시절 당대의 최고 기사로 명성을 떨친 스승 밑에서 배웠고, 9세 때 프로가 된 전설적인 인물이다.

그가 귀국했다는 소식은 프로 기사들 사이에 삽시간에 퍼져 나가면서 마치 공습경보를 알리는 사이렌 소리처럼 전율하게 만들었다.

그때 바둑계는 조훈현보다 10년 연상인 김인 9단의 시대가 막바지를 향할 때였고 윤기현, 하찬석, 강철민, 정창현 등이 그의 적수로 이름을 올리고 있었다. 그러나 모두가 이제 조훈현이란 절대 강자를 만나면서 상황은 180도로 뒤바뀌게 된 것이다.

'바둑 황제' 조훈현의 아성에 도전해 모든 타이틀을 차례로 넘겨받은 기사는 제자 이창호였다. 그러나 조훈현이 가장 많이 상대한 기사는 이창호가 아니라 서봉수 기사였다. 이창호와는 310번을 대국하였는데, 서봉수로부터는 366번이나 도전을 받은 것이다.

서봉수는 1973년 백남배 본선 대국에서 조훈현 9단과 첫 대국을 폈다. 그 뒤로 오기가 발동했는지 줄기차게 도전하는 것이었다. 조훈현의 절대적인 파워에도 굴하지 않고 무려 366번이나 도전하여 247번을 지고 119번을 이겼다. 평균 3판 대국에 한 번 이긴 셈이다.

그래서 프로바둑계에서는 "서봉수가 만년 2인자를 언제 벗어날 것인가?"라고 애석해하면서도 "조훈현과 서봉수의 30년 애증은 한 편의 드라마와도 같다."라고 말한다.

서봉수는 늦게 입문해 18세 때 프로가 됐고 저잣거리의 내기 바둑과 더불어 성장했다. 서봉수도 다른 강자들과 마찬가지로 조훈현에게 무수히 패배했다. 그러나 서봉수는 완패하지는 않았다. 이 점이 '승부사 서봉수'의 다른 점이다. 다른 기사들은 조훈현에게 연패하면 그걸로 포기하고 정신적으로도 무릎을 꿇었다. 하지만 서봉수는 조훈현에게 밀려 멀리 시베리아까지 떠돌다가도 어느새 만리장성을 넘어 돌아와 조훈현 왕국에 매섭게 달려들었다. 프로 근성이 아주 강했다.

1973년 7월, 조훈현이 명인전 도전자가 되면서 둘 사이의 도전 대국이 벌어졌다. 바둑계의 관심이 집중됐던 이 대결에서 서봉수는 1국과 2국을 잇따라 승리해 사람들을 놀라게 했다. 3국은 졌으나 4국에서 이겨 결국 3대1로 승리했다. 1인자 조훈현과 2인자 서봉수의 격돌은 치열하고 고통스러운 대국 끝에 그 순위가 뒤바뀌었다. 동시에 이들의 운명적인 만남은 바둑사에 커다란 족적을 남겼고, 한국 바둑의 세계 제패에 결정적인 밑거름이 되었다. 이로써 서봉수와 명인과의 관계는 더욱 깊어졌고 김인, 조훈현, 이창호가 '국수'로 불리는 것과 달리 서봉수만은 '명인'으로 불리게 된 것이다.

이창호 9단의 정상 비결

'바둑 황제' 조훈현으로부터 모든 타이틀을 차례로 넘겨받은 이창호 기사는 1975년 7월 29일 전북 전주에서 출생하였다. 서울 충암고등학교에서 바둑을 수업하고 1986년 프로 기사로 입단하였다.

이창호 9단은 1990년대 초반부터 현재까지 20여 년 동안 정상을 지키고 있는 한국 4세대의 대표 기사이다. 한국 프로바둑의 5걸 중 한 사람으로 바둑 역사에서 신이라 불리는 스타 이창호 기사를 중국 바둑계에서도 신으로 여긴다.

'돌부처' 이창호

"이창호에게 지는 것은 한국에게 지는 것이다. 인간 중에 저런 수를 두는 기사는 이창호뿐이다."라고 할 정도이다. 중국에서는 돌부처 곧 석불石佛이라고 부른다. 대국할 때의 표정은 전혀 변화가 없이 그저 미미하다.

그러나 이창호 기사는 "신은 인간보다 위대함을 알려줄 뿐이다. 나는 신이 아니라 평범하다."라고 말한다. 이창호 9단의 장기는 조훈현처럼 끝내기가 완벽하다는 것이다. 그래서 신산神算이라고 불린다.

이창호

한국 프로바둑 41연승으로 김인을 제치고 연승 기록 1위에 오른 이창호는 17세 때 최연소 세계 대회 챔피언에 등극하고 기네스북에도 등재되었다.

군화 끈을 맬 줄도 모르면서 병역을 무사히 마친 기적의 군필자로 이름을 올렸다. 이창호는 우주 방어 테란 유저와 같은 스타 기사이다. 본진을 철통같이 방어하면서 상대의 모든 공격을 원천 봉쇄한다. 그리고 꾸준히 멀찌감치 수를 돌리는 묘수가 뛰어나다. 상대는 이창호의 작전을 알면서도 따라가거나 방해하려고 하지 못한다. 그러다가는 자기 돌이 잡힌다는 것을 잘 알기 때문이다. 병력 차이가 많이 나도 상대방 본진에는 공격을 안 간다. 가둬 놓기 작전을 펴는 것이다. 상대는 거기에 질려서 병력을 끌고 나오다가 궤멸하거나, 아니면 계속 기회만 보다가 끝난다.

조훈현 문하로 입문

조훈현 9단의 제자이다. 조훈현이 자신의 집으로 데려다가 2년간 가르쳤다. 1984년 조훈현 문하로 입문하여 11세 때인 1986년 7월 입단하고, 21세 때에 9단으로 입신하였다. 13세 때 제8기 KBS 바둑왕전 우승으로 세계 최연소 타이틀 획득하였고, 국내외 기전에서 126회 우승을 차지한 괴력의 프로 기사로 명성을 떨쳤다. 국제대회에서 22회 우승하며 최다 우승을 기록했고, 41연승의 최다 연승 기록을 갖고 있다. 2002년 제1회 도요타덴소배 우승으로 세계대회 그랜드슬램을 이루었다. 최우수 기사상을 8회 수상했고, 1996년 은관문화훈장을 받았다. 20세기 말에서 21세기 초에 이르는 동안 세계 최강의 프로 기사로 이름을 올렸다.

바둑판의 대국 흐름을 정확하게 판단하는 능력이 뛰어나고 두터운 기력으로 '돌부처', '신산神算'으로 불리고 있다. 인내와 자제로 평상을 흔들리지 않는 실리 위주의 두터운 바둑이며 끝내기가 탁월한 기사로 유명하다. 이창호 기사는 조남철, 김인, 조훈현에 이어 한국 바둑 정상의 맥을 잇고 있다.

'상하이 대첩' 주인공

2005년, 바야흐로 바둑 전성기 때 제6회 '농심배 세계대회'에서 바둑계가 발칵 뒤집혔다. 농심배는 한·중·일이 5명씩 대표를 내세워 연승전으로 패권을 다투는 국가 대항전이었다. 대회는 중국 5장과 일본 5장이 붙어 중국 5장이 승리하면, 다시 중국 5장과 부전승으로 올라온 한국 5장이 붙고, 한국 5장이 승리하면 한국 5장과 일본 5장이 붙게 되는 방식이었다.

한국 대표로 나간 한종진 5단, 안달훈 6단, 유창혁 9단, 최철한 9단이 초장부터 줄줄이 패배하며 초토화되는 상황이었다. 중국은 뤄시허 9단, 왕시 9단, 왕레이 8단이 승리하고, 일본은 장쉬 9단, 왕밍완 9단이 살아남으며 축제 분위기였다. 그런 상황에서 중국의 창하오 9단은 넋이 나간 표정으로 이런 말을 남겼다.

"한국 기사를 모두 꺾어도 이창호가 남아 있다면 그때부터 싸움은 다시 시작된다."

그의 전설 같은 이야기는 사실로 입증되면서 드라마처럼 생생하게 되살아났다. 이를 바둑계에서는 '상하이 대첩'이라고 일컫는다.

바둑계에서는 가끔씩 출현하는 바둑 천재들 때문에 극심한 혼란을 겪는 경우가 있다. '신동' 이창호의 존재 때문에, 그의 철옹성 같은 아성을 뚫지 못해 얼마나 많은 기사들이 "바둑의 진출 벽이 너무 두껍다."라며 탄식을 자아냈던가?

일정한 판수를 경험한 뒤에 깨우칠 수 있는 바둑의 진리를 천재 소년 이창호는 너무나 쉽고 빠르게 터득하고 오래 간직하면서 내로라하는 고단자 고수들을 밀어냈고, 다른 사람들의 길까지 가로막은 셈이 되었으니 여기저기서 진로가 막혔다고 아우성칠만한 상황이었다.

제4기 동양증권배 결승전에서 이창호와 만난 조훈현에게 많은 사람들이 주문했다.

"조훈현 선배여! 제자 이창호를 좀 더 따끔하게 혼내 주라."

그러자 한마디로 대답했다.

"이창호가 아무리 세다 한들 아직은 멀었다."

그러나 결과는 정반대였다. 스승인 조훈현이 제자 이창호에게 너무 쉽게 무너지면서 정상을 내주고 말았다. '조훈현의 시대는 갔다.'라며 조훈현을 은근히 책망하는 말들이 쏟아졌다. 그 말을 조치훈으로부터 전해 들은 조훈현은 빙그레 미소로 답했다.

"그렇게 되었군! 하지만 자네도 한 번 겪어 보게. 창호의 완력이 만만치 않을 거야. 비록 내가 가르친 제자이긴 해도 이미 창호는 나름대로 바둑의 길을 터득한 신동이거든. 치훈이 자네도 바짝 긴장해야 할 걸세."

조훈현 기사가 경계하라고 한 이 말은 사실로 드러났다. 이창호 기사는 동양증권배 결승 5번기를 싹쓸이하면서 3연승으로 간단하게 끝내 버렸다. 온 힘을 다했는데도 허무하게 무너지고만 조치훈 기사는 설레설레 고개를 젓고 대한해협을 건너가야 했다. 천재의 전형을 보여주며 일본 바둑계를 평정한 조치훈은 그때 '창호는 나름대로 바둑의 길을 터득한 신동이거든. 치훈이 자네도 바짝 긴장해야 할 걸세.'라고 경계의 말을 해준 조훈현 기사의 말에 대해 어떤 생각이 들었을까 궁금하다. 아무튼, 어린 나이에 너무 쉽게 바둑의 길을 깨우친 천재들이 우리 바둑사에 드문드문 출현하여 엄청난 회오리바람을 일으키곤 한다.

서봉수 9단의 칠전팔기

서봉수 9단은 1953년 2월 1일, 대전 출생으로 서울 배문고등학교를 다녔다. 한국기원이 시행한 1971년 '바둑 명인전'에서 우승하여 데뷔하고 현재 티브로드 감독으로 활동한다. 서봉수 기사의 바둑 인생은 조치훈, 이창호, 그리고 이세돌과의 불꽃 튀는 바둑전으로 이어진다. 한마디로 그의 바둑 인생은 '집념의 바둑 철학'이다.

서봉수

"우리는 모두 바둑판이라는 세상에 올라서 있다. 돌을 던지고 나가는 순간 게임은 끝난다. 그러나 아직도 우리에게는 보여주지 못한 수많은 가능성이 남아 있다."

서봉수는 바둑계의 '살아 있는 신화'이자 '영원한 국수'라는 조훈현 9단의 저술《조훈현, 고수의 생각법》을 정독하고 자신의 바둑 생각과 비교해 보았다. 그렇게 탐구한 결과 마법의 술책을 터득했다.

승부욕 강한 기질

서봉수 9단은 승부사적인 기질이 남다르고 유별나다. 저돌적이고도 투쟁적인 바둑 스타일, '절대로 패배는 없다.'라고 외치며 대국을 펴는 바둑 철학은 그 누구도 따라오기 어려운 과정이기도 하다.

서봉수는 조훈현과 1973년 1월부터 2011년 11월의 맥심배까지 38년 동안 무려 366번 대결하였다. 바둑사에 이처럼 줄기차게 싸운 숙적은 다시 찾을 수 없을 정도이다. 서봉수는 119승 247패를 거두었다. 승률 32.5%. '거리의 무사' 서봉수가 '바둑 황제' 조훈현과 싸워 세 판 중 한 판을 이긴 셈이다. 바로 이 점에서 서봉수의 재능이 새삼 스럽게 재평가되고 있다. 서봉수의 바둑은 '생존'이란 기본적인 틀 안에서 만들어졌기에 화려함이 없고 때로는 누추하다는 감마저 안겨 준다. 그런 이유로 초창기 서봉수 바둑을 인정하지 않으려는 기사들 이 꽤 있었다. 서봉수도 스스로 고백했다.

"당시엔 아는 게 없었다. 지금 보면 너무 엉터리여서 깜짝 놀라곤 한다."

적어도 프로 기사가 되려면 일본의 우칭위안 같은 유명 기사의 기 보나 《본인방전》 전집, 그리고 《사활 문제집》 정도는 공부해야 되 는 것으로 여긴다. 하지만 서봉수는 이런 책들을 본 적이 없다. 그의 말 그대로 '아는 게 없었다.'

성격도 많이 달랐다. 조훈현은 머리 회전 속도가 상상을 초월할 정 도로 빨라서 카드 게임이나 마작 등 모든 게임 속도도 타의 추종을 불허한다. 반면에 서봉수는 계산이 너무 느리고 서툴러서 이런 사람 이 어떻게 바둑의 고수가 됐을까? 하는 의구심을 갖는 사람들이 상 당수이다. '걸음걸이도 의사 결정도 조훈현은 빠른데, 서봉수는 너무 느리다.'라는 말을 듣는다.

'인생이 곧 바둑'

서봉수는 "조훈현과 100원짜리 내기 바둑을 두어 많이 졌다. 그러 나 그걸로 조훈현을 연구해 도전기에서는 이겼다."라고 말해 화제가 된 적이 있다.

바둑계에서는 조훈현의 '1인 독재' 아성에 서봉수라는 존재가 홀로 버티며 15년간 사투를 벌일 줄은 그 누구도 상상하지 못했다.

"한국의 바둑은 조훈현-서봉수의 라이벌 대국을 통해 업그레이드 되었다."라는 말이 있다.

서봉수는 조훈현의 '전관왕'에 매몰차게 도전하며 위협을 가한 철저한 도전자이다. 1980년, 1982년, 1986년 세 차례에 걸쳐 모든 타이틀을 석권하고 '전관왕'의 위업을 달성한 조훈현이지만, 만약 서봉수라는 존재가 없었더라면 15년간 매년 전관왕에 올랐을지도 모른다. 1980년대 도전기는 거의 조훈현 대 서봉수의 대결로 점철되었다. 이는 바로 바둑사에서 유명한 '조훈현-서봉수 시대의 대결'로 기록되어 있다. 팬들은 처음엔 환호했으나 나중엔 '똑같은 연속극'이라며 불평을 쏟아냈다. 팬들은 장수영, 서능욱, 강훈, 김수장, 백성호 등 '신흥 5강'을 '도전 5강'이라 부르며 조훈현-서봉수 대결 구도를 깨고 우승컵을 거머쥐라고 응원했다.

하지만 이들은 우선 서봉수에 가로막혔고 천신만고 끝에 서봉수를 넘었다 해도 조훈현이 또 앞을 가로막는 바람에 한 걸음도 앞으로 나갈 수 없었고, 더군다나 승리를 거둔다는 것은 꿈도 못 꿀 정도였다. 서능욱은 무려 13번이나 준우승에 머물렀으니 그 한이 오죽했겠는가? 이들 중 강훈만이 1승을 거두는데 끝났다. 결승 상대가 조훈현이나 서봉수가 아니었다.

당시 도전 대국은 유서 깊은 한옥인 운당여관에서 주로 진행되었다. 어느 날 기왕전 도전기에서는 참으로 이상한 일이 벌어졌다. 도전기 때마다 대국장인 여관에는 프로 기사들로 가득 차곤 했는데, 이때는 프로 기사들이 단 1명도 나타나지 않았던 것이다.

도전 5강 중 한 기사는 "맨날 둘이만 싸우고 대국 후엔 복기도 없고 대국 끝나면 그냥 파장인데 뭐하러 가요?"라며 불평했다.

승부 세계에서 강자를 미워할 일도 없지만, 설사 밉더라도 이기려면 적의 수를 눈으로 보고 연구해야 마땅하다. 하지만 그걸 포기했으니 젊은 5강이 선배인 조훈현과 서봉수를 평생 꺾지 못한 일은 어쩔 수 없는 일이라고 여기는 사람들이 많았다.

잉창치배를 창설한 대만의 잉창치 기사는 대만 바둑을 강하게 만들기 위해 한국 바둑이 강해진 이유를 탐색하는데 몰두했다. 그는 '조훈현의 귀국'을 으뜸으로 꼽았다.

조훈현이 일본에서 귀국하자 그의 일본 스승 후지사와 슈코는 "조훈현이란 진주가 진흙 속에 처박혀 있다."라고 한탄했으나 한국 바둑은 조훈현과 더불어 업그레이드된 것이 엄연한 사실이다.

그러나 조훈현도 그냥 가르치고만 있었던 것은 아니고 서봉수라는 아주 특별한 존재로부터 매서운 도전을 줄기차게 받았기 때문에 스스로 부단히 연구하면서 실력을 연마하였다. 또한, 서봉수도 '조훈현 선생'에게서 너무 많은 것을 배웠다고 말한다. 사실 조훈현에게는 서봉수라는 포기할 줄 모르는 2인자가 있었기에 칼이 녹슬지 않았고, 계속해서 바둑을 연구하고 기력을 연마하여 훗날 세계를 제패하게 된 것이다. 오죽했으면 서봉수는 이런 말을 남겼을까?

"내 가슴은 조훈현이 할퀴고 간 상처로 가득하다. 그러나 조훈현은 내 평생의 은인이자 스승이나 마찬가지이다."

한국 바둑은 조남철 9단이 김인 9단에게 물려주고, 김인 다음에는 조훈현 국수가 풍미하다가 서봉수 9단으로 이어졌다. 그리고 이창호 9단은 스승을 꺾고 자신의 시대를 열었다. 그런 이창호 9단도 이세돌에게 밀려났다. 이세돌은 박정환, 김지석에게 위협당하는 냉혹한 승부의 세계가 바로 바둑의 세계이다.

그래서 '바둑이 인생이고, 인생이 곧 바둑'이라는 말이 유행한다.

천재들의 뇌 구조에 관심

바둑 천재들의 뇌는 어떻게 생겼을까? 바둑에 천부적인 실력을 지닌 프로 기사들의 뇌는 보통 사람들과 과연 무엇이 다를까? 많은 사람이 궁금하게 여기는 대목이다.

한국 프로바둑계를 이끌어 온 이창호 9단은 언젠가 자신이 읽은 책 한 권을 소개하며 이런 말을 한 일이 있다.

"루트번스타인 부부가 쓴 《생각의 탄생》을 읽고 4가지 생각 도구, 패턴 인식, 패턴 형성, 유추와 통합이 바둑을 두는 데도 중요한 요소라고 생각했다."라고 말한 것이다.

인공지능의 창시자는 미국 카네기멜론 대학교 허버트 사이먼 교수로 알려졌다. 그는 일찍이 '바둑이나 장기 또는 체스의 고수들은 패턴 인식과 형성에 능한 사람들'이라는 연구 결과를 발표하여 주목을 받았다. 게임이 진행 중인 체스판 위의 말을 5초 동안 보게 한 뒤, 빈 체스판에 위치를 복원해 보라고 하면 초보자는 전혀 감을 못 잡지만 고수들은 거의 완벽하게 위치를 맞힌다고 한다.

흥미로운 사실은 판 위에 임의로 말을 올려놓은 뒤 똑같은 실험을 하면 초보자나 고수나 모두 맞히지 못한다. 체스 고수는 사진을 찍듯이 말의 위치를 외우는 게 아니라 게임이 진행되면서 그렇게 놓이게 된 패턴을 인식하기 때문이다.

인공지능의 기억 속에 축적된 조합의 수는 대략 5만 가지 정도로 추정된다. 5만 가지의 각기 다른 항목 사이의 독특한 특징을 검색하는 기억 체계는 아주 빠르게 그것의 독특한 특징을 구별해 낸다. 이 정도의 패턴을 익히려면 1만 시간, 약 10년의 노력이 필요하다는 것이다. 이창호 9단이나 이세돌 9단 같은 바둑 천재들은 이미 10대 때 바둑에 1만 시간 이상을 투자했다고 보아도 괜찮다는 이야기이다.

장고의 벽은 4분 이내

세기의 대국에서 알파고와 이세돌 9단은 한 수 평균 66.8초, 2분 이상 31회, 이세돌 최장 고수는 15분 19초로 나타났다. 알파고는 이세돌과 둔 5번기에서 1수 평균 66.8초를 사용했고, 5국을 통틀어 2분 이상 장고한 수는 31번뿐이었다. 최장 고수는 3분 58초로 밝혀졌다. 이런 집계는 바둑 대국 사이트 사이버오로가 자체 기법으로 밝혀낸 내용이다.

알파고는 전체적으로 한 수에 평균 4분을 넘긴 적이 한 번도 없다. 이세돌이 한 수에 15분 19초를 쓰는 등 매번 시간에 쫓겼던 것과 비교하면 기계다운 빠른 계산력이 돋보였다. 하지만 알파고도 전체적인 방향을 결정해야 할 장면에선 그 나름대로 장고했다.

알파고는 다음 수를 찾기 까다로운 곳에서 장고했다. 일단 장고를 거친 이후엔 대부분 착점이 빨라지고 판세도 간결하게 정리됐다. 그러나 2국과 4국처럼 장고 수가 몇 차례 이어진 경우도 있다. 2국이 알파고가 면밀한 형세 판단을 위해 투입한 시간이었다면 4국의 연속 장고는 알파고가 갈팡질팡한 시간이었다. 이세돌 9단이 '신의 묘수'로 놓은 끼워놓기 수 78을 만나자 전혀 예상에 없던 수라 정신을 못

차리고 흔들렸다.

1국 때 오른쪽 변에 침투하여 '신의 한 수'라는 격찬을 받았던 102 수에서 알파고는 불과 1분 31초를 생각했다. 프로들이 흘려보냈던 이 수가 알파고에는 이미 변화를 다 읽어 놓은 당연한 침입 수였다는 분석이다. 이 수에 대한 이세돌의 응수는 무려 10분 31초가 걸렸다. 시간 사용 패턴만 놓고 본다면 2국도 이세돌이 이길 수 있는 흐름이 었다. 이세돌이 훗날 스스로 가장 아까워한 판이 바로 2국이었다.

컴퓨터는 오류 방지를 위해 모든 수를 일정 시간 안에 착수하도록 세팅해 놓는다. 알파고가 프로들처럼 절대 선수를 아껴뒀다가 팻감으로 활용하지 않고 모두 단수치는 현상에 대해서는 일종의 시간 연장책이라는 분석이 나왔다.

알파고는 자신이 예상한 수 외에 다른 수가 놓이면 전체를 새로 생각해야 하므로 팻감 쓰듯 선수 행사로 시간을 연장하며 수를 읽을 수밖에 없었다. 사이버오로의 시간 사용표는 구글팀의 공식 자료와 약간 차이가 있을 수 있다는 이야기다. 그런 까닭은 구글은 이번 5번기의 시간 사용표를 끝까지 공개하지 않았기 때문이다. 바둑 게임에서 각 착점 소비 시간은 여러 의미가 담긴 기본 데이터라는 점에서 아쉬움을 남긴 부분이다.

제4장
이세돌과 알파고

제 4 장
이세돌과 알파고

섬마을 '신동' 이세돌

16년 동안 세계 랭킹 1위를 지킨 이세돌 기사는 한국 프로바둑 5걸 중의 막둥이 스타로 활동하고 있다. 이창호 시대 이후 최고의 바둑 기사로 이름을 떨치고 있는 것이다.

이세돌 9단은 상대가 예측할 수 없는 경로로 침투한다. 권갑용 8단의 제자이며 12세 때 프로바둑에 입단했다. 구글이 선정한 2016년 알파고와의 대국 상대로 세기의 대국을 펼쳐 지구촌에 감동을 안겨주었다. 이세돌 프로 9단은 1983년 3월 2일 전남 신안 출생으로, 키 172cm, 체중 57kg, 12세 때인 1995년 프로 입단으로 데뷔했다.

5세 때 바둑돌 잡기 시작

아버지 권유로 5세 때 바둑돌을 잡기 시작한 이세돌은 초등학교 1학년 때부터 각종 바둑대회에 나가 우승을 휩쓸면서 천재 소년으로 재능을 인정받았다. 목포 앞바다 신안군의 작은 섬마을 '신동' 이세

어린 시절의 이세돌

돌은 9세 때 서울 유학길에 올랐다. 840여 개의 섬들로 이루어진 전남 신안군, 741개가 무인도이고 사람이 사는 섬은 102개에 불과하다. 그런 신안군의 비금 섬, 전남 목포에서 배를 타고 2시간 넘게 들어가야 하는 작은 섬 비금에서 9세 어린 소년은 서울로 올라왔다.

당시 국내 바둑계의 한 축이었던 '권갑용 바둑도장'(현재 권갑용 국제바둑학교)에 입학하며 본격적인 바둑 기사의 길로 들어섰다. 이곳에는 먼저 올라온 상훈 형이 바둑 지도사범으로 꿈나무들을 가르치고 있었다. 그래서 그의 서울 유학 길은 비교적 평탄하게 이루어졌다. 여기서 체계적 교육을 받기 시작한 이세돌은 밤낮없이 바둑판에 붙어살았다. 그렇게 하기를 3년 만인 12세 때 '하늘의 별 따기'로 알려진 프로바둑계에 당당히 입단하여 세상을 놀라게 만들면서 혜성처럼 떠올랐다.

그러나 든든한 버팀목이었던 형이 군에 입대하면서 12세 소년은 힘겨운 객지 생활로 접어들었다. 오락실에서, 만화방에서 허송세월을 보내는 날이 많아졌다. 정신적 부담이 극도에 달하면서 드디어는 말을 잃어버리는 실어증 증세까지 나타났다. 기관지도 점점 약해졌지만 보호자도 없는 상태라 제대로 된 치료는 기대할 수가 없었다. 현재 갈라지는 듯한 쉰 목소리는 그때의 후유증이다.

1998년에는 이름만 걸어 두었던 중학교에서도 자퇴했다. 같은 해 큰 버팀목이었던 아버지마저 세상을 떠났다. 공교롭게도 아버지 제삿날은 이세돌의 생일과 같은 날이다. 그러나 아버지의 사망은 오히려 반전의 계기가 되었다. 세상을 떠나기 전에 입버릇처럼 "우리 막내가 타이틀 하나 따는 거 보고 죽자."라고 했던 아버지의 목소리가 귓가에 맴돌았다. 반드시 타이틀을 따내자는 승리욕과 매서운 독기가 발동했다.

지난 2000년 말 열린 '제5기 박카스배 천원전'에서 이세돌은 류재형과 결승전을 벌이고 우승하면서 생애 첫 타이틀을 차지했다. 내친 김에 그해 32연승으로 질주하며 최다승 및 최다 연승을 기록하며 '불패 소년'으로 이름을 떨쳤다. 2002년엔 '제15회 후지쯔배 세계바둑선수권대회'에서 첫 세계 타이틀까지 차지하며 상종가를 올렸다.

"자신이 없어요. 질 자신이……."라는 앞뒤가 맞지 않는 말을 하면서 남긴 개성 강한 어록은 이때부터 등장한 것이다. 하지만 마찰과 시련도 뒤따랐다. 2002년 그는 한국기원의 승단대회를 거부하는 파동을 일으켰다.

"대국료도 없이 연간 10판씩을 소화해야 하는 승단대회에서는 제대로 된 실력을 반영하지 못한다."

당시 3단으로 국제 대회와 각종 기전에서 우승을 휩쓸던 이세돌의 거부 선언에 보수적인 한국기원은 '반란'이라면서도 엄청난 충격에 빠졌다.

'항명 반란' 소동

바둑계 한쪽에서는 '항명 반란' 또는 '반항아'라며 비판하기도 했지만, '용감한 신세대'라며 응원하는 목소리도 높았다. 결국, 한국기원은 이세돌 9단에게 손을 들었다. 2003년 1월 제도 개혁에 나선 것이다. 일반 기전을 승단대회로 대체하고 주요 대회에 우승하면 승단을 시켜주는 새로운 제도를 도입했다. 이를 '이세돌 특별법'이라고 한다.

한국기원은 결국 '일반 기전의 승단대회 대체', '주요 대회 우승 시 승단' 등의 규칙 개정으로 물러선 것이다. 우여곡절 끝에 2010년 1월 복귀한 이세돌 9단은 바둑계에 풍파를 일으킨 주모자라는 불명예를 안았다. 하지만 그동안 체력이라도 비축한 듯 24연승 행진으로 거침없는 상승세를 이어갔다. 이세돌 9단의 주가는 수직 상승하기 시작했다. 2003년 3월, 그는 LG배 세계기왕전에서 1인자 이창호 9단을 꺾고 우승하며 세대교체를 선언했다. 이와 함께 3단도 6단으로 껑충 뛰었다.

같은 해 5월 KT배 준우승으로 7단이 된 이세돌은 7월 제16기 후지쓰배 2년 연속 우승에 성공하며 가장 높은 9단으로 승단했다. 스무 살의 나이로 입단 8년 만에 신의 경지라는 입신入神 9단에 오른 것은 한국기원 역사상 최단 기록이다. 이때부터 이세돌 9단은 본격적인 전성기를 누리게 되었다. 2007~2008년 연속 상금왕에 오르며 자신의 시대를 알렸다. 그러나 이세돌 9단은 또 한 번 바둑계의 반기를 들었다.

2009년 5월 프로기사회가 프로 기사들의 기보 저작권료 지급에서 개인들의 권리 보장이 미흡하다며 한국 바둑리그 불참을 선언했다. 이 일로 한국기원에서 그에게 징계를 내리자 휴직서를 던지고 잠적해 버렸다. 한국 바둑 1인자의 활동 중단으로 바둑계는 또 한 번 거센 풍파를 만났다.

바둑 실력이 대단하지만 운도 따랐다. 이세돌 9단이 복귀한 해 한국과 함께 세계 바둑계를 좌우하는 2010년 중국 광저우 아시안게임에 바둑이 첫 정식 종목으로 채택되면서 국내 바둑계가 촉각을 곤두세웠다. 대표 선수를 선발하는 예선전을 거쳐 본선 대국까지 여러 차례 대국이 줄을 이었다. 이세돌 9단은 그동안의 잡음을 잠재울 수 있는 묘수의 대국 판이 많이 생긴 것이다.

아시안게임서 금메달

2010년 중국 광저우 아시안게임에서 한국 대표로 참가한 그는 중국 대표인 구리 9단과 10번기 대국에서 완승을 거두고 금메달을 딴 이후 태극기를 들고 이창호 9단 등 선배와 동료들의 축하를 받으며 국위를 떨쳤다. 이로써 두 집도 제대로 짓지 못하여 살아남지 못한다는 미생未生에서 완전히 살아나는 완생完生 기사로 위상을 바꿔 놓았다.

2014년 동갑내기이자 필생의 라이벌인 중국의 구리 9단과 10억 원의 상금(우승 8억 5,000만 원)을 걸고 벌인 10번기에서 6승 2패로 승리한 것도 그의 바둑 인생에 또 다른 전환점이 되었다. 현재까지 총 18번의 세계대회 우승 트로피를 가져오면서 누적 상금만 100억 원 이상을 벌어들인 것으로 알려졌다. 비록 알파고와 대결에서 1승 4패로 지긴 했지만 끝까지 포기하지 않고 최선을 다하는 모습은 전 세계인을 감동시키기에 충분했다. 알파고와의 5번기를 끝낸 직후 그는 말했다.

"프로든 아마추어든 바둑은 즐기는 게 기본이다. 이번 알파고와의 대국은 정말 원 없이 즐겼던 것 같다. 부족함이 다시 한 번 드러났지만 더 열심히 노력해서 발전하는 이세돌의 모습을 보여 드리겠다."

젊은 프로 기사 이세돌 9단의 바둑 행진은 여전히 현재 진행형이다.

사랑의 오작교

이세돌 9단에게 가장 힘이 됐던 것은 역시 가족의 사랑이었다. 항상 큰 대회를 앞둔 때에는 형제들의 전폭적인 지원이 있었고, 아내와 딸도 뜨거운 응원을 해 준 것으로 유명하다. 바둑에 전념하고 또 입단해서부터 결혼하기 전까지는 큰형인 이상훈 9단으로부터 엄청난 지도를 받았던 것으로 바둑계에 화제를 뿌렸다.

이세돌 9단은 2006년 2월 강원랜드배 출전 중 결혼 발표를 해 주위 사람들을 놀라게 했다. 배우자는 김현진 씨로 이세돌 9단과 1년 동안의 연애 기간을 거쳐 결혼했다. 그리고 결혼한 뒤에는 아내와 딸이 항상 따라다니면서 승부사의 기질을 북돋아 주었다.

그런 일에 대해 이세돌 9단은 솔직하게 말했다.

"아내와 딸이 곁에서 응원할 때 굉장히 기분이 가라앉을 수가 있었다. 그런 부분을 애교가 많은 아내와 딸이 굉장히 잘 풀어 주었다."

아내와의 결혼에서 오작교가 되어 준 사람은 바로 형님이었다.

이세돌 9단과 꼭 빼닮은 것 같은 느낌을 주는 사람이 바로 그의 아내라고 바둑계 사람들은 주저하지 않고 거침없이 말한다. 이세돌 9단은 지금의 아내를 처음 보는 순간 "바로 '평생의 배필'이라는 느낌이 왔다."라고 고백했다.

"사랑스러운 여인을 제가 발견하면서. 그런데 딱 보면서 첫눈의 느낌에 나하고 굉장히 잘 맞을 것 같다, 그런 느낌이 들었다. 그때가 20대 초반이라 친구하면 좋겠다고 생각했다. 또 바둑을 모르는 여성이기 때문에 바둑 이외의 것들을 이야기한다면 스트레스를 많이 풀 수 있지 않을까라는 차원에서 소개를 받았다. 참으로 좋은 사람, 고마운 여성을 소개해준 형님에게 감사드린다. 그 여성이 바로 지금의 아내인 김현진이다."

이세돌 9단이 알파고와의 세 번째 대국을 편 날이 바로 결혼기념 10주년이라고 해서 많은 사람이 또 한 번 놀랐다. "30대 초반이라 아직 총각인 줄 알았는데 언제 장가들고 또 귀여운 딸까지 낳았느냐!"라는 부러움의 눈길을 보낸 것이다. 결혼 10주년 기념일인데 대국에서 패배해서 아마도 그날은 무척 울적한 기분이 들었을 것이다. 결혼 10주년을 기리는 어떤 이벤트가 있거나 분위기가 있는 그런 시간을 보낼 기분도 아니었을 것이다. 그런데, 뜻밖의 일이 벌어졌다. 아내와 딸이 캐나다에서 비행기를 타고 건너면서 결혼 10주년 이벤트가 벌어진 것이다. 어쨌거나 이세돌 9단은 결혼 10주년을 의미하는 10가지 선물을 아내에게 주었다. 아내는 예상치 못한 선물에 굉장히 감동을 받고 눈물을 보였다.

"평생에 처음 있는 그런 10가지의 선물이었어요. 세기의 대국에서 진 그 순간에 어떻게 이런 선물까지……."

지금 국민들도 이세돌 9단의 대국 모습을 지켜보면서 정말 감동을 받았다. 그동안 세계 1인자라는 것은 누구도 의심하지 않았지만, 이번에 알파고와의 대결을 통해서 프로 기사의 참모습을 보여주었고 이세돌 9단 자신도 더 강해진 마음과 각오를 다졌을 것이다.

세기의 대국을 통해서 이세돌 9단이 얻은 점은 무엇일까?

이세돌 9단은 다른 프로 기사들이 보여주지 못한 강인한 정신력을 이번에 보여주었다는 것을 꼽을 수 있다. 그리고 승부사로서 앞으로 걸어가야 할 길에 대해서 굉장히 큰 자신감과 함께 정신력 또한 더욱 강인해졌다는 이미지를 보여주었다. 더구나 많은 국민이 "그만하면 충분히 잘했다."라고 응원과 격려를 해 주었기 때문에 패배에 대한 부담감을 덜고 인간의 창의력이 인공지능에게 밀리지 않는다는 확신을 보여준 것이다.

인간과 기계의 두뇌 대결

이세돌 9단과 인공지능 알파고의 바둑 대결은 인간과 기계의 두뇌 싸움 시대를 불러오는 새로운 국면을 열어놓았다. 알파고와 인간의 바둑 대결은 인공지능의 평가와 전망을 새롭게 바꿔놓은 큰 사건이기 때문이다.

1994년 첫 개봉됐던 영화 〈터미네이터〉는 인간과 인간이 만든 인공지능의 한판 대결이었다. 영화의 줄거리는 인공지능 컴퓨터 전략 방어 네트워크가 스스로의 지능을 갖춘 뒤, 핵전쟁을 일으켜 인류를 잿더미 속에 묻어 버린다. 남은 인류는 인공지능 로봇의 지배를 받고 살게 되면서 살아남은 인간이 로봇과의 전쟁을 다시 시작하는 이야기이다. 당시로서는 허무맹랑한 공상의 세계라며 가볍게 넘겨 버렸다. 그로부터 20여 년이 지난 오늘날 상황은 다르다. 실제로 인공지능 컴퓨터가 인간과 두뇌 싸움을 여러 분야에서 과감하게 전개하고 있다.

인간과 인공지능 컴퓨터 간의 두뇌 싸움은 이미 시작되었다. 이세돌 9단과 구글 인공지능 컴퓨터 알파고의 바둑 대결이 그것을 극명하게 보여준 것이다. 인간과 인공지능 컴퓨터의 바둑 대결은 벌써 시작된 것이다. 알파고는 2015년 10월 유럽에서 활동하는 중국 바둑 기

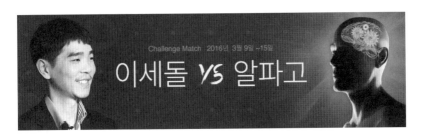

사 판후이 2단과 겨뤄 5대0 전승을 거뒀다. 하지만 판후이는 인간 대 표라고 하기엔 실력이 많이 떨어지는 인물이다. 그러나 2016년 알고 파가 대국의 상대로 지목한 한국의 이세돌 9단은 인류의 대표로서 부족함이 없는 천재 프로 기사라는 점이다.

알파고는 생명이 없는 기계일 뿐이다. 그러나 인간의 지능을 완벽 하게 갖추고 있는 무서운 발명품이다. 본래 인공지능의 모체인 딥마 인드Deep Mind는 2010년 영국에서 만들어 냈다. 미국의 구글은 인공 지능 산업의 미래를 내다보고 2014년 딥마인드를 인수했다. 구글이 딥마인드를 인수한 뒤 2015년 10월에는 유럽의 바둑 챔피언 판후이 2단을 상대로 공식 대국을 치뤄 승리하면서 인공지능이 인간에게 도 전을 내밀었다.

이를 통해 알파고AlpahGo의 위력이 세상에 알려졌다. 그리고 이세 돌 9단과의 대결을 통해 사람이 만든 인공지능 시스템이 바둑에서도 사람을 능가할 수 있다는 가능성을 열어 놓았다. 그런 의미에서 바둑 의 인공지능이 인간을 이겼다는 점은 그 의미가 매우 크다. 특히 알 파고는 이세돌과의 대국을 앞두고 승리를 위해 몇 주 동안 단 한 번 도 쉬지 않고 훈련했다고 알려졌다.

알파고의 그 연습 훈련 기간을 인간의 경험에 빗대면 10년 세월에 해당한다. 이세돌과의 대국을 앞두고 인간 세계의 10년에 맞먹는 시간 동안 바둑을 연습했다는 계산이다. 그러니 얼마나 치밀하고도 놀라운 연습인가?

구글 딥마인드 측은 "알파고는 기본 데이터를 바탕으로 시행착오 과정을 수없이 거쳐 스스로 새로운 전략을 발견하는 법을 깨닫도록 훈련시켰다. 프로 기사들의 대국 내용을 토대로 알파고의 신경망을 훈련시킨 것이다. 알파고는 자체 신경망끼리 수천만 번의 바둑을 두면서 시행착오를 통한 강화 학습을 진행했다."라고 밝혔다. 아무리 우수한 기계라 해도 이처럼 수천만 번의 연습을 하였으니 진다는 것 자체가 이상한 일인지 모른다.

살아 있는 바둑 전설

이세돌 9단은 조훈현, 이창호로 이어지는 한국 바둑계의 최강자 자리를 물려받은 살아 있는 전설이다. 12세에 입단했고, 2000년 32연승을 올리면서 연승 가도를 달려왔다. 이어 2003년 LG배 세계기왕전에서 이창호 9단을 이기고 바둑계 최강자 자리를 거머쥐었다. 2005년 제18기 후지쯔배 세계바둑선수권대회 우승, 2007년 제3회 도요타덴소배 세계바둑왕좌전 우승, 2008년 제12회 삼성화재배 세계바둑대회 우승, 2010년 제2회 비씨카드배 월드바둑챔피언십 우승을 차지했다.

그가 세계대회에서 우승한 사례는 18번이나 된다. 30대 나이로 접어들면서 기량이 떨어졌다는 평가도 있지만, 아직 건재하다는 분석도 만만치 않다. 10여 년 동안 세계 바둑계를 주름잡아온 슈퍼스타이니 그도 무서운 연습을 반복해 왔지만 알파고의 수천만 번의 연습에는 따를 수가 없는 연습량이다.

알파고와의 대국 규칙은 한국식이 아니라 중국식이다. 알파고가 그동안 중국식 바둑 규칙으로 훈련해 왔다고 해서 이세돌 9단이 이를 받아들인 것이다. 알파고가 지시하는 대로 바둑돌을 놓은 사람은 구글 딥마인드 소속 개발자로 아마추어 6단이었다. 처음에 구글 딥마인드 측도 알파고의 승률을 50%로 예측할 정도로 만만치 않은 기세였다. 만약 알파고가 승리를 거둔다면 그동안 미지의 영역으로 남았던 바둑에서조차 인공지능 세상이 도래할 것으로 본 것인데, 결과는 알파고의 승리로 끝나면서 그런 가능성을 한걸음 앞당긴 셈이다.

구글 딥마인드의 예상처럼 인공지능 기술은 단순히 빅데이터를 통해 지정된 경우의 수만 읽는 것이 아니라, 알파고 자체가 바둑판에 놓는 돌을 보면서 가치 판단과 선택까지 자유롭게 할 수 있는 바탕을 구축했다는 의미이다.

졌지만 아름다웠던 '대국'

이세돌 대 알파고의 대국 공식 명칭은 '구글 딥마인드 챌린지 매치'이다. 2016년 3월 9일부터 15일 사이에, 하루 한 차례의 대국으로 총 5회에 걸쳐 서울 광화문 포시즌스 호텔에서 진행된 인간과 인공지능과의 바둑 대결이다. '세기의 대국'으로 불린 이 대결은 최고의 바둑 인공지능 프로그램과 바둑의 최고 고수인 인간 실력자의 대결로 주목을 받았다. 결국은 알파고 4승, 이세돌 1승을 올리면서 알파고가 우승하는 결과를 가져왔다.

1946년 세계 최초의 컴퓨터 에니악ENIAC이 발명된 이후 계산에서부터 시작해서 논리, 사고, 자각 등 실제 지능과 같은 인공적으로 만든 인공지능의 발전도 거듭해왔다. 1997년 IBM의 인공지능 딥블루Deep Blue가 세계 체스 챔피언 가리 카스파로프를 상대로 승리하였고, 같은 해 로지스텔로가 오델로 세계 챔피언을 상대로 승리하였다. 인공지능 왓슨Watson 또한 미국의 퀴즈 프로그램에서 역대 우승자를 제치고 우승을 안았다.

하지만 바둑은 게임의 전개가 다양해 오랫동안 인공지능이 정복하지 못한 게임으로 남아 있었다. 그러나 인공지능 바둑 프로그램은 2008년부터 인간 바둑에 도전하기 시작했다. 바둑 인공지능 모고는 김명완 기사를 상대로 9점 접바둑으로 승리를 거뒀고, 2011년 젠은 마사키와 5점 접바둑을 둬 이겼다.

2015년 10월 유럽의 바둑 챔피언 판후이를 상대로 맞바둑에서 이긴 뒤에 2016년 3월 세계 최고의 기사로 평가되는 사람 중 한 명인 이세돌 9단을 상대하여 5국에서 4승 1패를 기록하였다. 마지막 대결에서는 진정한 승리를 쟁취하겠다는 결연한 의지로 비쳤다. 먼저 실리를 취하고 뒤에 타개 전략을 펴면서 무려 5시간에 가까운 혈투를 벌였으나 280수 만에 아쉽게 불계패했다.

그러나 "이번 대국을 통해 인간의 아름다운 바둑을 지키겠다."라고 천명한 이세돌 9단은 투지를 불사르며 인공지능 알파고와 맞서 싸우는 집념을 보였다. 구글 딥마인드 챌린지 매치에서 이세돌 9단은 1승 4패의 아쉬운 성적표를 받아들였지만, 진화된 인공지능을 꺾은 유일한 인간으로 기록되었다.

특히 최근 주춤했던 이세돌 9단은 매 경기마다 새로운 작전과 변화를 보여주며 스스로 한 단계 성장할 수 있는 계기를 마련했다. 4000년 역사를 지녀온 바둑의 자존심을 지켜야 한다는 책임감을 안고 고독한 승부를 벌인 이세돌 9단은 엄청난 중압감 속에서도 집념과 창의적인 발상으로 멋진 대결을 펼쳤다.

인간의 자존심 지켜

이세돌 9단은 대국을 마친 뒤 기자회견에서 알파고와의 대결에 대해 "컴퓨터에게 질 수도 있는데 바둑의 아름다움, 또 인간의 아름다움을 컴퓨터가 이해하고 두는 것은 아니기 때문에, 이번 게임에서는 내가 꼭 인간의 가치를 지켜내겠다는 각오로 바둑을 두었다." 라고 밝혔다. 그의 대국은 인공지능의 역사에도 큰 획을 그은 사건으로 기록되었다. 지금까지 바둑은 체스와는 달리 인공지능이 정복할 수 없는 불가능한 도전으로 여겨져 왔다. 인공지능이 체스에서 인간을 이겼을 땐 그럴 수도 있다고 여겼다. 실제로 체스는 1997년 인간이 컴퓨터에 정복당한 영역이다.

하지만 바둑은 체스와는 다른 게임이다. 바둑은 체스와 달리 경우의 수가 너무나 많고, 직관력이 필요한 영역이기 때문이다. 정해진 말과 규칙이 있는 체스와는 다르게 바둑은 경우의 수만 해도 10의 170승에 달할 만큼 천문학적이다.

구글 딥마인드의 알파고가 인간 최강으로 불리는 이세돌 9단을 네 차례나 이

알파고와 대국 중인 이세돌

기면서 인공지능이 어디까지 발전할 수 있는지를 보여주는 계기가 되었다. 그것은 스스로 판단·추론·학습하는 기능을 갖추었으므로 방대한 양의 빅데이터를 빠른 시간 안에 학습하며 소화해 내는 인간의 직관까지 모방하는 수준으로 올라섰다고 분석한 것이다.

사실 인공지능의 발전 속도는 불과 6개월만에 전 세계를 인공지능 신드롬에 빠뜨릴 만큼 가파른 성장 속도로 달려온 것이다. 이런 속도의 추세라면 인공지능을 통한 제4차 산업혁명도 거론될 날도 멀지 않을 정도로 강력한 파급력을 보이고 있다는 이야기이다.

대회를 개최한 구글은 가장 큰 수혜자가 되었다. 우승 상금 및 대국료를 포함해 약 20억 원도 쓰지 않은 구글은 알파고의 실력을 입증하는 것으로만 30조 원의 가치를 인정받은 셈이다. 이번 대결은 인류의 미래를 열어갈 새로운 과학기술에 어떤 자세로 대응해야 하는지를 깨닫게 하는 자극을 주었다.

상상을 초월한 대국

인간과 기계의 역사적 대국은 요란하면서도 또 한편으론 조용히 막을 내렸다. 한국기원에서는 최초로 인공지능 알파고에게 명예 9단을 수여하고, 이세돌 9단의 사인이 담긴 바둑판까지 선물하면서 인간과 인공지능의 역사적인 대국을 마무리 지었다.

인간들은 처음에 인공지능의 힘을 과소평가했다. 이세돌 본인도 쉽게 이길 것으로 예상했다. 반대로 이세돌의 완전 패배를 예상했던 IT 전문가들은 졸지에 따가운 눈총을 받았다. 대국이 진행되면서 인공지능의 가공할 능력에 인간은 두려움을 느꼈고, 어느새 형국은 '이세돌 9단이 1승이라도 거둬서 인간의 자존심을 세워줄 수 있느냐?'

하는 쪽으로 기울었다. 그러다가 이세돌 9단이 4국에서 승리하자 전 인류가 열광했고, 이세돌은 바둑계를 넘어 한국을 대표하는 하나의 상징으로 떠올랐다.

세기적인 사건답게 말의 향연도 볼만했다. 특히 알파고와 마주했던 이세돌과 알파고를 만든 구글 관계자들의 말 한 마디 한 마디는 그 자체로 인류에게 큰 파장을 일으키면서 요란한 메아리를 남겼다.

알파고와의 대국이 확정되었을 때 이세돌 9단과 구글 측은 처음으로 기자회견에 함께 나섰다. 당시 이세돌 9단은 '3대2 정도의 승리가 아니라 한 판 질까 말까 정도'라며 압승을 자신하였다. 그런 이유에 대해 이세돌 9단은 "2015년 10월 열린 알파고와 판후이 2단의 기보를 봤는데 나와는 승부를 논할 수준이 아니었다. 물론 알파고가 업데이트되었다고 하지만 5개월 만에 인간 9단을 따라잡긴 쉽지 않다."라고 분석했다.

그때만 해도 그 누구도 이세돌 9단의 자신감에 토를 다는 사람이 없었다. 5개월 만에 프로 2단 수준에서 9단을 뛰어넘는 기력을 보여 줄 것이라고는 아무도 생각하지 않았기 때문이다. 대국을 하루 앞둔 공식 기자회견에서 '알파고의 아버지'로 불리는 데미스 하사비스 딥마인드 최고경영자는 "알파고가 자력 학습으로 더 많은 양질의 데이터를 만들었고 이를 바탕으로 시스템이 향상되었으므로 이길 것으로 믿는다."라며 자신감을 내비쳤다. 하사비스가 설명한 알파고의 작동 원리와 학습 능력에 대해 끝까지 경청한 이세돌 9단은 "조금 긴장했다. 5대0 승리는 아닐 것 같다."라며 한발 물러서는 겸손을 보였다.

그러나 이세돌 9단은 명언을 남겼다.

"물론 질 수도 있다. 그러나 바둑의 아름다움, 인간의 아름다움을 컴퓨터가 이해하고 두는 게 아니기에 바둑의 가치는 계속될 것이다."

알파고와의 대국은 상상을 뛰어넘었다. 첫 판 대국을 마친 뒤 이세돌 9단은 실토했다.

"너무 놀랐다!"

이세돌 9단과 알파고와의 첫 대국은 오후 1시부터 무려 5시간이나 계속되는 피 말린 대결로 이어졌다. 압승을 호언장담했던 이세돌 9단이 돌을 던지자, 세상이 놀랐다. 당연히 승리를 예상했던 바둑계와 인류는 인공지능 알파고의 가늠할 수 없는 능력에 걷잡을 수 없는 충격에 빠지고 말았다.

이세돌 9단 역시 기자들 앞에서 "하하! 진다고 생각 안 했는데 너무 놀랐다."라며 털어놓았다. 심판을 보고 해설을 맡았던 한종진 9단은 "이세돌 9단은 지인들에게 다른 대국보다 특히 1국은 그 누가 둬도 알파고에게 이기지 못했을 것이다. 그만큼 알파고는 실수를 거듭했는데도 인간이 그걸 보지 못했기 때문이다."라고 평했다.

하지만 종반으로 갈수록 그 누구도 이해하지 못한 사이에 이세돌의 열세가 이어졌다. 해설을 맡은 송태곤 9단은 "시청자 여러분께 죄송한데요. 이세돌 9단의 패착을 찾지 못하겠어요. 인간의 눈으로 볼 때 실수는 알파고만 하고 있었거든요."라며 경악을 쏟아냈다.

이세돌 9단은 제3국을 끝낸 뒤 "인류가 진 것이 아니다. 이세돌이 진거다. 일단 죄송하다는 말씀을 먼저 드리겠다. 그리고 너무 무력했다."라고 말해 가슴을 졸이며 TV 화면을 지켜보던 많은 국민의 가슴을 아프게 했다.

인류 최강의 금자탑 세워

5전 3선승제의 이번 대국에 대해 단순히 이세돌과 알파고의 대결을 넘어 '인공지능이 인류를 넘을 것이냐?'를 보는 전초전의 성격으로 사람들은 생각했다. 이세돌 9단 역시 그렇게 생각했다. 그래서 "이세돌이 패한 것일 뿐 인간이 패한 것은 아니다. 이렇게 심한 압박감, 부담감을 느낀 적이 없는데 그걸 이겨내기에는 제 능력이 부족했다."라며 솔직하게 고백했다.

그러고도 좌절하지 않고 4국에서 바둑 역사를 새롭게 썼다. 4국을 마친 뒤 "이렇게 기쁠 수가 없습니다!"라고 말했다.

세 판을 내리 지고 난 뒤 제4국에서 드디어 승리했다. 무려 1,202대의 슈퍼컴퓨터를 가동한 알파고와 맞선 인간 이세돌 9단은 백을 잡고 인공지능 알파고와 대결, 180수 만에 불계패를 받아 내며 인간의 한계를 극복해 감동을 선사했다. 승리를 거둔 이세돌 9단은 처음으로 환한 미소를 지으며 기자들 앞에 서서 "한 판을 이겼는데 이렇게 축하받은 건 처음인 것 같다. 3연패 후 1승인데 이렇게 기쁠 수가 없다."라고 말했다. 그때 모든 팬들도, 전 인류도 함께 기뻐했다.

특히 이세돌 9단이 4국에서 한가운데에 78번째 끼워 넣기 한 수를 놓아 바둑 역사상 가장 훌륭한 '신의 수'를 놓았다는 평가를 받았다.

'알파고의 아버지' 하사비스도 "이세돌의 78수를 알파고가 1만분의 1 미만의 확률로 계산했다."라고 설명했다. 이 절묘한 한 수에 알파고는 무너졌고 결국 불계패를 선언한 것이다. 이세돌 9단은 4국을 마친 뒤에 "그전에도, 앞으로도 그 어떤 것과 값어치를 매길 수 없는 1승"이라고 말했다. 역사에 길이 남을 인류의 승리임을 스스로 밝힌 것이다.

"알파고와의 대국, 참으로 원 없이 즐겼다!"

3승 1패에서 마지막 대국인 5국을 소화했다. 많은 사람은 5국마저 승리하여 인류의 자존심을 다시 한 번 지켜주기를 바랐지만 끝내 그 열망을 이루지 못하고 말았다. 그럼에도 한종진 9단은 "전체 5국 중 최고의 바둑을 둔 대국이었다."라고 칭찬했다. 실제로 알파고 역시 처음으로 초읽기에 몰릴 정도로 끝까지 가는 대접전이었다. 이세돌 9단도 실토했다.

"유종의 미를 거두지 못해 아쉽다. 다시 붙어도 과연 이길 수 있을지 의문이다. 실력보다 심리적인 부분과 집중력에서 인간이 따라갈 수 없음을 느꼈다."

하지만 그도 이번 대국을 통해 얻은 것이 분명히 있었다.

"어느 순간부터 내가 바둑을 즐기는지 의문이었다. 이번 알파고와의 대국은 바둑을 즐기던 초심을 되찾으면서 원 없이 즐긴 대국이었다."

알파고와의 대국을 통해 이세돌 9단은 세계 바둑 역사상 인류 최강의 금자탑을 우뚝 세웠다. 강한 개성과 집념의 투지, 탁월한 실력으로 최정상에 오른 이세돌 9단이 구글의 인공지능 컴퓨터 알파고와의 대국은 세계 바둑 역사의 새로운 장을 열어 놓았기 때문이다.

'세기의 대국'은 인공지능 컴퓨터 알파고의 승리로 끝났지만, 인간 이세돌 9단의 투지력은 '인류 최강'다운 면모를 보여주었다는 평가를 받았다. 승패와 관계없이 이세돌 9단에 관한 대중의 관심은 더욱 높아졌고, 바둑을 모르던 사람들도 이세돌 9단에게 박수를 보냈다. 5번 대국 가운데 앞서 벌어진 세 판까지의 경기에서 3연패를 당하자 세계는 큰 충격에 빠졌다. '난공불락'의 요새 바둑이 인공지능에게 무참

하게 무너지는 공략을 당했기 때문이다. 그러나 그는 제4국에서 알파고의 항복을 받아내는 데 성공, 인공지능에 쉽게 포기하지 않는 '인류의 멋'을 보여 주며 최강자의 구겨진 자존심을 다시 일으켜 세웠다.

인간과 알파고의 대결로 바둑의 판도가 크게 바뀔 것이라는 것이 프로바둑계의 중론이다. 그만큼 이세돌 9단과 알파고의 싸움이 힘들고 어려웠다는 뜻이기도 하다. 하지만 그는 언제나 '위기'를 '기회'로 만드는 강한 승부사였다. 비록 인간이 인공지능과의 첫 대결에서 패배했지만 이를 발판 삼아 더욱 발전해 나가야 한다는 숙제를 남긴 것이다.

감동과 찬사의 박수

"즐기면서 했으면 좋겠다."

이세돌 9단의 스승 권갑용 8단이 제자인 이세돌에게 당부한 말이다. 권갑용 8단은 알파고에 대해 "처음에 생각한 것보다 너무 잘해서 놀랍다. 이세돌이 5대0으로 완승할 것으로 생각했는데 모든 것이 바뀌어 버렸다. 알파고의 실체와 그 실력을 보면서 대단하다는 걸 느꼈다."라고 말했다. 이어 권갑용 8단은 "이세돌이 어떻게 하면 한 판이라도 이길 수 있을까에 초점을 두고 있다. 승부를 떠나서 즐기면서 자기가 하고 싶은 대로 했으면 좋겠다."라며 이세돌 9단의 선전을 기원했다. 그런 기대로 한 판을 이겼을까?

일부 해설가들은 "4국은 1~3국보다 100배 이상 흥미로웠다. 인류 대표라는 무거운 짐을 벗고 승부사 이세돌의 마음으로 무장해서 그런 바둑을 둔 것 같다."라고 평가했다.

인공지능 알파고를 개발한 구글 딥마인드의 데미스 하사비스 최고경영자는 이세돌 9단이 제4국에서 알파고를 꺾고 첫 승을 거두자 "혼신의 힘을 보여준 이세돌 9단에게 경의를 표한다."라고 말했다.

그는 제4국이 끝난 뒤에 열린 기자 간담회에서 "초반은 알파고가 우세했으나 이세돌 9단의 묘수와 복잡한 형세로 이어지면서 알파고의 실수가 나왔다. 진심으로 이세돌 9단에게 축하를 전한다."라고 밝혔다. 그러면서도 "이번 4국 경기의 기보와 통계 수치를 면밀히 분석해 알파고의 문제를 개선하는 데 활용하겠다."라고 덧붙였다.

하사비스는 알파고가 78수 때 실수를 하자 자신의 트위터를 통해 "이번 이세돌 9단과 알파고의 5차례 대국은 역사에 남을 것이다. 전승할 것으로 기대했는데 알파고가 위기에 처했다."라며 대국이 종반전에 접어들면서 알파고가 불리했다는 점을 스스로 인정하는 글을 띄웠다. 그는 알파고의 승리를 "우리는 달에 착륙했다. 팀이 자랑스럽다."라며 미국의 닐 암스트롱이 인류 최초로 1969년 7월 20일 달착륙에 성공했던 사실에 비교하며 환호했다.

하사비스는 알파고가 나갈 앞으로의 계획에 대한 질문을 받고 "이

이세돌(좌)과 세르게이 브린(우)

번 대국에 집중하느라 알파고의 활용 계획에 대해서는 아직 분명하게 세우지 못했다. 이번 대국을 통해 알파고를 더 발전시켜야 되겠다는 많은 점을 발견했다. 영국에 돌아가 더 가다듬고 구체적인 계획을 세우겠다."라고 말했다.

한편, 세르게이 브린 구글 공동창업자도 4국 대국이 끝난 뒤에 기자 회견장을 깜짝 방문하여 "방금 이세돌 9단을 만나 축하한다는 말을 전하고 왔다. 하지만 다시 한 번 축하의 말을 전하고 싶다. 흥미진진한 대국을 잘 치러 감사하다."라고 밝혔다.

인간과 컴퓨터의 대결

이세돌 9단이 준 교훈도 화제이다. 바둑 세계 최고수 이세돌 9단과 인공지능 프로그램이 펼친 세기의 대결은 인간과 컴퓨터의 대결이라는 점에서 많은 화제를 남겼다. 알파고는 감정이 전혀 없는 반면, 이세돌 9단은 잘되지 않을 때는 고개를 흔드는 등 감정 표현의 기복을 보여주었다. 이런 표정은 바둑을 잘 모르는 사람이라도 포착할 수 있는 부분이었다.

'과연 잘 둘 수 있을까?' 바둑 기사 이세돌 9단이 구글의 인공지능 알파고의 첫 번째 대국에서 첫 수를 놓을 때 많은 사람이 나타낸 생각이었다.

이세돌 9단이 보여준 교훈은 사람은 감정을 지니고 있기 때문에 어려움을 만났을 때 흔들리기 쉽다. 그럴 때 흔들리지 않고 좋은 감정을 유지하는 것이 중요하다. 중요한 경기를 하다 보면 상대의 도발과 속도 등에 자칫 말릴 수가 있다. 감정을 잘 조절하는 것이 중요한데 일단 플레이오프가 되면 의지나 집중력이 나오는 것이 사람이 기계와 다른 점이다. 스포츠나 바둑 경기는 신체가 발휘하는 운동 능력과 기술을 겨룬다는 점에서 공통점이 많다. 그러나 그 육체를 지배하는 것은 정신이다. 이는 이세돌 9단과 알파고의 대결에서 또다시 보여준 진리이자 교훈이다.

더구나 이세돌 9단이 제4국에서 보여준 교훈은 포기하지 않는 집념이다. 대부분의 사람들은 패배를 두려워하고, 무조건 질 것 같으면 꼬리를 말고 포기해 버리는 버릇이 있다. 그런데 이세돌 9단은 세기의 대국에서 끝까지 포기하지 않는 투지를 보여준 것이다. 한 순간, 한 게임의 패배가 결코 모든 패배가 아니라는 것, 단순한 승패를 떠나는 진정한 승부가 있다는 사실을 확실하게 보여준 것이다. 그 점에서 많은 사람이 격려와 찬사를 보내면서 자신의 교훈으로 삼으려는 각오를 다졌다.

그리고 지금처럼 자잘한 패배를 두려워하다가는 언젠가 다가올 큰 승부에서 반드시 질 수밖에 없다는 것도 깨우쳐 주었다. 역시 입신의 프로 9단다운 흔들림 없는 자세 앞에 모두가 감동한 것이다.

인간이 기계에 앞선다

어린아이는 넘어지는 것을 두려워하지 않고 걷고자 하는 생각에서 걸음마를 뗀다. 낭떠러지가 있어도 앞을 향해 나아가는 집념이다. 사람에 따라 다소의 차이는 있지만, 원하는 마음이 강하면 강할수록 두려움을 넘어서는 의지도 대단해진다. 세기의 대국을 지켜본 많은 사람이 공통으로 한 말은 "조금 더 넓은 곳을 바라볼 수 있는 이세돌 9단의 모습이 부럽고 멋있었다."라는 것이었다.

승부에 관한 부담을 벗고 자신이 그리는 바둑으로 바둑판을 장식해 나아가는 지혜가 남다르다. 그래서 이세돌-알파고의 마지막 제5국은 승부를 떠나 참으로 아름다운 바둑으로 꾸며졌다. 바둑판의 최고 명국名局을 펼쳤다.

인공지능 알파고는 이세돌 9단에게 3연승을 거둬 지구촌을 경악케한 뒤 4국에서는 무너지면서 역시 '아직은 인간이 기계에 앞선다'는 또 다른 감동을 주었다. 인공지능 대 인간의 바둑 대결은 이미 먼저 3승을 거둔 알파고 승리로 기울어졌지만 4국에서 감동을 주었기에 5국의 승패는 최종 성적에 더 이상 의미는 없는 진정한 명국으로 장식될 수 있었다.

이세돌-알파고 대국의 이미지

이세돌 9단은 알파고와의 대결에서 3패 후 1승을 거둔 뒤 마지막 5국에서는 "흑을 잡고 5국은 두고 싶다."라고 희망해서 그의 뜻대로 5국을 전개했다. 그래서 제5국에 대한 흥분과 기대감은 어떤 대국보다 컸다. 승패를 떠나 인간 대 인공지능의 아름다운 승부가 펼쳐진 대국이었다. 사실 흑을 잡고 둔 이세돌 9단은 역사상 '가장 아름다운 바둑'을 둔 프로 기사로 이름을 올렸다.

이세돌 9단이 흑을 자청한 것은 단 한 가지 이유다. 대국을 주도하면서 자신만의 그림을 그리고, 알파고가 어떻게 대응하는지 다시 한번 확인하고는 또 다른 창조의 영역을 넓혀가겠다는 뜻이었다. 인간의 도전 의식이 느껴지는 행보였다.

흑을 쥐면 먼저 둘 수 있어 자신의 스타일대로 바둑판을 그려나갈 수 있다는 것이 바둑계의 정설이다. 대신 7.5집의 덤을 부담해야 한다. 먼저 두는 대신 백보다 무조건 7.5집을 많이 확보해야만 이길 수 있기 때문이다. 그래서 프로 기사들은 둘로 나뉜다. 주도권을 쥘 수 있는 흑을 선호하는 이도 있고, 흑이 두는 수에 따라 대응하는 것을 좋아해 백을 선호하는 사람도 있다.

이세돌 9단은 5국에서 흑을 쥐고 '이세돌다운' 바둑을 두는데 최선을 다했다는 평가를 받았다. 4국 승리 후 마음의 짐을 털어버렸다. 1~3국에서 알파고의 위력을 이미 경험했기에 마음의 부담 없이 바둑을 둘 수 있었다. 흔히 바둑 고수의 세계에서는 '마음을 비운다'는 표현을 쓴다. 승패에 연연하지 않고, 승부 자체를 즐기듯이 두면 그만큼 아름다운 바둑을 둘 확률이 높아진다고 말한다.

이세돌 9단과 알파고의 묘수를 음미해 보는 것도 한 포인트다. 알파고는 1국에서 102번째 투입수를 둬 바둑계에 충격을 줬다. 이세돌 9단 대 알파고의 5국에서 이세돌 9단은 승패를 초월했다. 그냥 아름답고, 가장 인간적인 수만을 두는 쪽으로 달렸을 뿐이다.

소설 쓰는 인공지능

그렇다면 지능이란 무엇인가? 흔히 말하기를 지능은 암기력, 분석력, 추리력, 직관력, 창의력 등의 종합이라고 이야기한다. 책을 한 번 보면서 좋은 문장을 외워 버리는 천재, 암기력이 뛰어난 사람도 있다. 혼란스러운 정보들이 섞여 있는 상황에서 무엇이 핵심인지를 가려내는 능력이 뛰어난 사람도 있고, 추리하는 능력이 기가 막힐 정도로 명석한 두뇌를 가진 사람도 있다.

이번 이세돌과 알파고와의 바둑에서 직관의 영역도 컴퓨터 계산으로 대체가 가능하다는 사실이 나오면서 인간에게 충격을 주었다. 창의력은 새로운 것을 창조해내는 지능이다. 인간 사회에서는 최상위의 지능 영역을 창의력으로 보고 있다.

옛날 중국에서 화약을 만들고 나침반을 발명한 일, 에디슨이 전등을 발명한 일, 아인슈타인이 상대성이론을 발견한 일, 스티브 잡스가 아이폰을 만든 일 등이 모두 인간의 창의력에서 나온 것들이다.

기계와 인공지능이 만들 수 없는 영역을 얼마나 찾아내고 어떻게 상품화할 수 있는지에 따라 결과가 달라질 것이다. 이세돌 9단은 인공지능인 알파고에게 졌지만 그가 보여준 대국은 한 편의 드라마 그 이상이었기에 많은 사람이 감동하고 열광한 것이다. 이것은 인간이 결코 기계 곧 인공지능에게 지지 않을 것이라는 열쇠가 되고 있다. 미래는 생각보다 훨씬 가까이 다가오고 있으며, 변화 속도는 우리가 느낄 수 없을 만큼 빠르다. 인류의 최대 과제는 '변화에 대한 적응'이다.

지금 일본에서는 인공지능이 소설을 쓰는 시대로 들어서고 있다 해서 화제이다. 일본에서 인공지능이 쓴 소설 두 편이 문학상 예심을 통과한 것이다. 이 문학상은 작가 이름을 딴 '호시 신이치 문학상' 인데, 원고지 20장 분량의 미니 공상과학소설 공모전이다. 응모작 1,400편 속에 인공지능이 쓴 4편이 들어 있었다.

결심에선 떨어졌지만 심사위원이 "이런 작품이 나올 줄은 정말 몰랐다."라고 혀를 내둘렀다고 한다. 인공지능이 쓴 소설은 과학자들이 4년 동안 머리를 맞대고 작가도 합세한 결과였다. 연구팀은 인공지능에 연관어를 쓰게 했다. 먼저 '바람 부는 날씨다. 창문을 닫았다.', '요즘 경기가 안 좋다. 출근해도 할 일이 없어 심심했다.' 이렇게 두 문장을 연결해 쓰는 형식이다. 앞 문장과 뒤 문장의 관계가 연관성을 이루는 것이다. 그러나 문학 속의 인간 행동은 꼭 그렇게 연관되는 것은 아니다.

만약 '비가 내렸다. 그날 그는 길을 떠났다.'라고 할 때 비가 와서 떠났는지 비가 왔는데도 떠났는지 알쏭달쏭하다. 이 문장은 연관 관계를 감춘 것이다. 그래야 독자가 상상하고 판단할 수 있는 메아리 현상이 나타나게 된다.

이와 비슷한 이야기는 이미 50년에 프랑스에서도 있었다. 프랑스 작가 앙드레 모루아가 자기 책에 '두 낫싱 섬' 이야기를 썼다. 두 낫싱은 아무 일도 하지 않는 섬사람이 온도가 일정한 병원에 누워 중앙 컴퓨터의 도움을 받아 살아간다는 줄거리인데, 사람이 해야 할 일을 중앙 컴퓨터가 대신해 주는 것이다. 사람이 먹어야 할 약이나 음식을 로봇이 챙겨주고 갈아입을 속옷도 로봇이 챙겨준다. 사람은 잠자는 일을 빼고 온종일 TV만 본다. TV는 과거 인간 작품을 모두 빅데이터에 넣고 거기서 새로운 조합을 끝없이 엮어낸다.

몇 년 전에 러시아에서도 컴퓨터가 쓴 장편 소설 《진실한 사랑》이 나온 일이 있다. 320쪽으로 두툼한 소설이었다. 이 책이 베스트셀러가 되었다. 인간이 비슷한 책을 구상할 때 이 로봇 책이 도움을 주었다. 로봇은 이미 나온 정보를 모았고 새로운 생각을 조금 얹었는데, 그것도 사람의 손길이 80% 이상이었고 로봇이 작업한 것은 20% 미만이다. 그러니까 인공지능이 소설을 창작해 냈다고 보기에는 아직 이르다는 말이다. '하나님도 여자의 마음을 몰라 두 손 드신다.'라고 했는데, 인공지능이 어찌 사람의 마음을 알고 소설을 쓸 것인가?

'계산법' 바꾼 인공지능

5000년 찬란한 역사를 지닌 고참 바둑과 5개월의 신생 인공지능 알파고의 대국은 흥미와 감동, 그리고 새로운 과제를 인간에게 던져주었다.

그런 까닭은 이세돌 9단과 인공지능 알파고 사이에 벌어졌던 세기의 대결이 인간으로서는 풀기 어려운 상황을 만들었기 때문이다.

바둑계에 소년 천재로 이름을 올린 이창호 9단 이후 바둑 철학의 본질에 대한 고정관념이 바뀌었다. 이는 바둑이 '전략 게임'이 아니라 '계산 게임'이라는 것이다.

계산 방법이 어마어마하게 복잡하기는 하지만, 상대의 대응에 따라 나의 계산도 그때 그때 순간마다 달라져야 한다는 점에서 바둑은 어쩌면 고차원 방정식과 미분의 개념을 품고 있는 게임인지도 모르게 되었다.

'이창호 신드롬' 이후 세계 바둑계의 흐름이 바뀌었다는 것은 사실이다. 그 시절 세계 정상권 바둑 기사들의 연령대는 불과 20대 후반에서 30대 초반이었다. 그런데 아무도 넘볼 수 없을 것 같던 이창호의 철옹성을 25년 만에 무너뜨린 기사가 바로 이세돌 9단이다.

이창호 9단의 기풍은 '싸우지 않고 이긴다'였다. 부분 전투에서 이길 확률이 높은데도 물러서는 이창호 기사를 보고 사람들은 의아하게 생각했다. 하지만 이창호 9단의 생각과 계산법은 달랐다. '전투를 벌여 10% 실패의 확률이 있다면 취하지 않는다. 적에게 이기더라도 100% 이기는 길로 간다.'라고 했다. 굴복하는 것처럼 보였는데 사실은 남들이 할 수 없었던 계산을 다 해놓고 대국판을 벌였다는 것이다.

그러나 지금 이세돌 9단은 바둑 역사에는 나오지 않는 기발한 묘수로 돌을 놓아 이창호 9단의 계산 능력을 허물었다. 이세돌 9단 역시 남들이 발견하지 못했던 '계산 방법'을 찾아낸 것이다.

바둑의 본질이 계산이라면, 인간은 기계를 이길 수 없다. '계산'에 관한 한 인간의 두뇌는 기계에 비해 말할 수 없이 느리고 비효율적이라는 것이 이미 밝혀졌기 때문이다. 어쩌면 이세돌 9단이 알파고에게 거둔 1승은 인간이 인공지능을 상대로 바둑에서 거둔 마지막 승리로 남을지도 모른다는 분석이 나오고 있다.

알파고의 수를 보고 처음에는 '사람이라면 저렇게 두지 않는다.', '저런 식으로 두면 야단맞을 수'라는 전망했다. 그러나 경기가 끝나고 알파고가 놓은 돌들이 '그 순간 최고의 선택'이었다는 것으로 바뀌었다.

인간이 계산하지 못하는 것을 인공지능이 하고 있었다는 분명한 증거 앞에 인간이 손을 들고 만 셈이다. 그렇다면 기계에게 정상의 자리를 내준 상태에서, 인간끼리 벌이는 바둑이 어떤 의미가 있을까?

바둑은 기계, 곧 인공지능이 세상을 지배할 미래에도 살아남을 것인가? 더구나 인공지능 시대에서는 현재의 직업 가운데 상당수가 사라질 것이 확실하다고 미래학자들은 보고 있다.

기계는 인간을 대신할 수 있어도 인간이 기계를 대신할 수는 없기 때문이다. 사람들이 모여서 아무리 삽질을 열심히 해도 굴삭기 한 대를 당할 수는 없다. 문제는 일하는 능력은 기계가 이미 인간을 뛰어넘었고, 지적인 능력마저도 기계가 사람을 넘어서는 단계에까지 왔다는 것이다.

제5장

창조의 날개

———

제 5 장
창조의 날개

'생각하는 갈대'의 피조물

인간을 신이 만든 피조물이라고 한다면, 인간이 만들어 낸 발명품들은 인간의 피조물이 된다. 신이 만든 인간들이 신을 경외하거나 무시하는 것은 뇌리 깊은 곳에 새겨진 문화적 흔적 때문이라고 말한다.

하지만 인간이 만들어 낸 피조물이 자기의 주인인 인간들을 무시하고 지배하려는 양상이 하나둘씩 드러나고 있다. 그중의 하나가 이세돌과 대국을 펼치고 승리를 거둔 알파고인 것이다.

그래서 인간들은 장차 기계로부터 지배를 당할 것이라고 두려워하고 있다. 이는 매우 역설적인 걱정이 아닐 수 없다. 이를 어떻게 보고 대응해야 할까?

알파고와 이세돌의 대국 결과를 놓고 호사가들은 '인간이 기계에 지배되는 종말론적 세계가 다가오고 있음을 보여 준 것'이라고 예언하기도 했다. 인간의 직업이 인공지능에 의해 대체되는 '인공지능 만능시대'가 오고 있다는 말이다.

앞으로 인공지능에게 인간의 자리와 역할을 빼앗길 직업으로 의사, 회계사, 설계사, 교수, 스포츠, 펀드매니저, 운전기사 등 여러 계층이 될 것이란다. 여러 분야에서 그런 징조가 조금씩 나타나고 있다.

종합병원에 가면 최첨단 기계가 의사보다 더 신뢰와 존경을 받고 의사는 조수처럼 되고 있는 느낌이 강하다. 의사는 컴퓨터가 보여주는 그래프나 검진 결과를 설명해 주는 것으로 보이기 때문이다.

전투기에서도 조종사 없는 무인 비행기가 하늘을 날아다니고, 전철에서도 기관사 없이 운행되는 시스템이 신분당선에 등장했다.

기계는 학습을 할 수는 있지만 '직관과 창의성'은 없다. 대표적인 경우가 이세돌과의 대국을 치렀던 알파고이다. 알파고는 '정책망'과 '가치망'으로 이뤄진 '인공 신경망'에 머신 러닝이라는 기계 학습을 더한 기계일 뿐이다. 정책망은 바둑의 전체 대국 상황을 살피고, 가치망은 한 수가 가져올 추가적 승률을 계산해 준다.

알파고는 이번 대국을 앞두고 사람에게는 불가능한 수천수만 번의 계산 아래 가장 승리할 확률이 높은 수를 연습한 뒤에 둔 것이다. 하지만 이는 최적화이지 결코 직관은 아니라는 말이다.

학습을 통해 처리 능력이 향상될 수 있을지는 모르나 인공 신경망 그 자체가 강화되지는 않는다는 이야기이다. '경우의 수'가 쌓일 뿐이다. 한 가지 행동을 통해 얻은 배움을 다른 행동으로 확장하지 못한다는 말이다. 그래서 기계는 생각하지 못하는 기계일 뿐이라는 이야기이다.

인공지능을 정복하라

인간 바둑 기사와 알파고는 그 특성이 판이하게 다르다. 프로 기사는 연산 능력이 부족하기 때문에 귀부터 두어 중앙의 다양한 변화의 수를 줄여나간다. 중앙에서의 세력이 '두텁거나 엷다'고 표현해 온 것도 수 계산이 정밀하지 못해서 그렇다.

그러나 연산 능력에서 인간보다 훨씬 앞서가는 알파고의 기력은 중앙의 싸움에서 두드러졌다. 이것은 알파고가 이길 수밖에 없는 조건부 게임이다. 그럼에도 알파고는 여전히 인공지능이다. 백보다 흑을 힘들어한다. 먼저 두는 선수를 두려워하고 먼저 놓는 수를 따라가기를 좋아한다. 미처 생각하지 못한 수가 나왔을 때는 실수로 의심되는 수가 나오기도 한다. 이는 기존에 입력되지 않은 수를 두었을 때 마땅한 대응수를 찾지 못했다는 것을 의미한다.

만일 완벽한 인공지능이었다면 이럴 때 묘수를 두었을 것인데 그렇지 못했다. 만일 그랬더라면 이번 5차례 대국에서 단 한 경기도 내주지 않고 모두 이겼을 것이다. 알파고의 약점, 생각하지 못하는 결점을 이세돌은 보기 좋게 알아채고 '신의 묘수'라는 한 수를 놓아 알파고의 기를 꺾었던 것이다. 구글 딥마인드가 4국에서의 알파고 패배를 '소중하다'고 한 것도 이 같은 이유에서다. 인공지능은 이제 시작 단계에 불과하다. 스스로 알아서 달리는 자율 주행 자동차와 의료 분야로까지 인공지능이 확대되었을 때 발생하거나 가져올 재앙과 위험은 상상을 초월한다. 따라서 인공지능은 윤리적 측면과 기술적 측면에서 갈 길이 아직은 멀다는 이야기이다. 그럼에도 인공지능은 향후 원격 진료, 맞춤형 의료, 일기 예보, 자연재해 예측 등으로 무궁무진하게 뻗어갈 확률이 매우 크고 넓다.

빅데이터를 이용한 인공지능으로 일본의 대지진을 예측할 수 있었다고 가정하면 그 피해를 크게 줄였을 것이다. 재판에 인공지능의 예측을 참조한다면 범죄 예방은 물론, 판사의 편향성 논란도 크게 줄어들지 모른다.

이번 대국의 최대 수혜자는 구글이다. 구글은 이번 이벤트로 인공지능 분야에서 IBM '왓슨'을 제치고 세계 랭킹 1위 이미지를 완전히 굳혔다. 초일류 인공지능 전문가들이 구글로 모여들 것이기 때문이다. 앞으로 인공지능 산업에서 구글이 주도권을 쥘 것은 너무나 뻔한 일이다. 구글이 내건 상금은 고작 100만 달러였지만 얻은 부가가치는 대략 30조 원 가치에 이르렀다는 것도 그런 맥락이다. 이는 알파고가 프로 9단이었다면 구글은 마케팅 10단으로 한 수 위라는 말이다. 그러나 '인공지능을 정복하라'는 과제는 분명히 전해준 대국이었다.

충격의 메시지

알파고의 충격은 국가적으로 인공지능을 키워야 한다는 숙제를 안겨준 것이다. 그런 여론이 일어나고 있는 것도 사실이다. 미국 정부가 구글을 키운 것이 아니다. 구글이 인공지능 스타트업 곧 신생 벤처기업 '딥마인드'를 인수 합병하지 않았다면 알파고는 세상에 찬란한 빛을 발산하지 못했을 것이라는 이야기이다.

인간은 비록 뇌 용량은 제한적이지만 합리적으로 판단하도록 진화되어 있다. 인간이 위대하다는 것은 '생각하는 힘, 곧 사유思惟하는 갈대'라는 것 때문이다.

영국에서 일어난 1차 산업혁명이 인간의 노동력을 대신했다면, 영국과 미국에 합작으로 보여주고 있는 4차 인공지능 혁명은 인간 두뇌의 혁명일 것이다. 두뇌의 제한적 합리성을 완화해 다양한 판단의 기준을 제시함으로써 의사 결정의 오류를 줄이고 적합성을 높여줄 가능성이 큰 것이다.

인공지능은 앞으로 인간의 한계와 능력을 도와주는 조력자가 될 것이다. 인류 두뇌의 확장이자 지성의 도약이다. 그런 현상은 이미 산업 현장에서, 종합병원에서, 그리고 행정사무 분야에서 이미 보여주고 있다. 그래서 이세돌 9단과 인공지능 알파고의 대국은 '세기의 대결'이라고 일컫는 것이다.

세기의 대결이라 불린 컴퓨터와 인간의 바둑 대결은 컴퓨터 프로그램 알파고가 이세돌 9단에게 4대1로 승리를 거두면서 이미 끝났지만, 당초 인간이 압승할 것이라는 예상과는 달리 알파고의 막강한 능력을 확인한 셈이 되었다. 직관의 영역으로 꼽히는 바둑에 도전한 인공지능의 계산 능력은 빛나는 위력을 발휘한 것이다. 하지만 인공지능에도 한계가 있음을 드러낸 경기였다. 이세돌 9단이 놓는 신의 한수에 알파고가 실수를 남발하는 모습들도 잇달아 보여 주었다. 이해할 수 없는 수들도 경기마다 반복한 것이다. 이는 인공지능이 넘어야할 산이 아직 높다는 점을 분명하게 드러낸 대목이다. 하지만 알파고가 이세돌 9단을 상대로 4대1의 승리를 거두면서 인공지능 기술 발전에 있어 한 단계 장벽을 돌파했다는 평가가 나오고 있다.

알파고는 확률을 줄이는 몬테카를로 검색 방식과 더불어 인공 신경망 기술을 적용하였다. 인간의 신경을 본 떠 만든 SW 기술을 말한다. 하나의 망은 바둑돌을 놓을 위치를 정하고 다른 신경망은 최종 대국의 승자 확률을 따지는 기법이다.

확보한 수만 개 이상의 기보를 알파고에 주입해 바둑 규칙을 학습시키고, 여기에 더해 알파고 자신끼리 대결하는 강화 학습을 통해 더욱 성능을 높였다. 지구의 원자 수보다 많다는 바둑의 수를 직접 대입하여 인간의 최고 고수를 이길 수 있었다.

특히 눈길을 끄는 것은 알파고의 이 기술이 바둑에만 적용될 수 있는 기술이 아니라는 점이다. 구글 딥마인드는 알파고를 설명하며 줄곧 여러 분야에 두루 쓰일 인공지능 알고리즘이라고 설명한 것처럼, 바둑은 알파고의 인공 성능을 확인하는 시험대가 된 것이다.

인공지능의 한계도 드러났다. 통계, 확률 분포 등의 분석에 특출한 성능을 보였지만 100% 완벽한 인공지능은 아니었음을 보여주었다.

데미스 하사비스 구글 딥마인드 CEO는 "알파고는 범용적 인공지능을 목표로 개발됐다. 앞으로 기후 모델 분석이나 의료 진단 등의 분야에서도 활용될 수 있는 새로운 것으로 발전시킬 것"이라고 자신감을 보여준 것도 그런 대목의 하나이다.

인공지능의 오늘과 내일

인간지능의 미래는 어디까지 전개될 것인가?

인공지능은 간단히 표현해서 철학적으로 인간성이나 지성을 갖춘 존재, 혹은 시스템에 의해 만들어진 지능, 즉 인공적인 지능을 뜻한다. 컴퓨터에 적용할 경우 그 컴퓨터가 사람의 지능과 같은 역할을 할 수 있다는 이야기이다.

'인공지능이 무엇이냐?'라는 질문은 두 가지로 나눌 수 있다. '인공이란 무엇인가?'와 '지능이란 무엇인가?'라는 것이다.

첫째 질문은 사람이 만들어 낸 것이라고 쉽게 대답할 수 있다. 하지만 무엇을 인공적으로 만들 수 있는가? 하는 질문을 낳는다. 여기서 만든다는 것은 어느 특정 형태의 시스템이나 조건 아래에서 이루어지고, 그렇게 만들어 가는 공정이 존재하며, 인간이 만들어 낸다는 테두리 안에서 이루어지는 과정이다.

두 번째 질문의 대답은 훨씬 어렵다. 이는 의식이나 무의식을 포함해서 나타내야 하기 때문이다. '인간이 무엇인가?'라는 물음에 대해서 그 사실을 밝혀내는 일은 참으로 어려운 것이기 때문이다.

인간의 지능적인 행동을 연구하거나 이해하는 것은 더욱 어렵고 복잡한 작업이다. 지금까지 알려진 모델과는 다른 각도에서 접근하고 있는 동물과 인공지능의 관계에 대한 연구는 그 타당성을 널리 인정받고 있다.

개념이 뚜렷한 형태의 일부 인공지능은 비교적 널리 알려져 있다. 인공지능의 주제별 분류, 역사, 그리고 주제별 장단점과 응용 사례에 대해서도 많이 알려지고 있다.

초기 인공지능 연구의 골자는 기계를 인간 행동의 지식에서와 같이 행동하게 만드는 것이었다. 그러나 첨단과학이 발발하면서 인공지능에 대한 연구는 인간처럼 생각하고 판단하는 시스템, 인간처럼 행동하는 시스템, 이성적으로 행동하는 시스템 등 매우 전문적이면서도 복잡한 단계로 올라섰다. 인간의 사고와 같이 컴퓨터 프로그램이 행동하고 사고하는 인간형 인공지능과, 인간과 다른 형태의 지각과 지성 능력을 발전시키는 컴퓨터 프로그램인 비인간형 인공지능을 가진 컴퓨터를 만들어 내는 것에 관한 연구가 활발하게 진행되고 있다.

그와 같은 시스템은 진짜 지능이나 지성을 갖추고 있지는 못하지만, 어떤 면에서 보면 지능적인 행동을 보일 것으로 예상된다.

오늘날 이 분야의 연구는 주로 미리 정의된 규칙의 모음을 이용해서 지능을 흉내 내는 컴퓨터 프로그램을 개발하는 것에 맞추어져 있다. 이 때문에 강력한 인공지능 분야의 발전은 더욱 속도를 낼 것으로 보인다. 목표를 무엇에 두느냐에 따라 인공지능 분야에서는 상상을 초월하여 놀라운 발전으로 이어질 수 있을 것이다.

강력한 인공지능에 대한 주장과 반론도 만만치 않다. 인공지능과 사람의 지능은 근본적으로 다르다는 것이다. 의학자나 과학자들은 인간의 몸이 아닌 기계가 인간의 지능이나 의식을 하도록 하는 일은 그 실현 가능성에 문제가 있으며, 컴퓨터가 할 수 있는 것과 할 수 없는 것들이 모호하다고 말한다. 그래서 서로의 의견이 엇갈리고 있다.

많은 사람이 약한 인공지능 정도는 가능하다고 보면서도 강력한 인공지능을 지지하고 있는 것도 사실이다. 만일 마법의 불꽃이나 영혼이 없다면 인간은 기계에 불과하다며, 인간은 기계와 다른 실현 가능한 창의력이 있지만, 인공지능을 가진 모든 기계는 그렇지 않다는 것이다. 강력한 인공지능을 지지하는 사람들과 반대하는 사람들의 논쟁이 이어지는 가운데 인공지능은 날로 똑똑한 인공지능을 가진 것으로 발전될 것이 분명하다.

인간에겐 영혼이 있다

인간은 기계에 없는 마법의 불꽃과 영혼이 있지만, 지능은 기계로는 성취될 수 없는 고차원적인 것이다. 인간의 마음은 소프트웨어이지만, 뇌는 순수한 하드웨어이기 때문에 인간의 마음은 오로지 뇌를 통해서만 존재한다.

인공지능 이론의 발전은 언어지능을 제외한 인공지능에 대한 시도에서 비롯되었다. 복잡한 인식 능력을 가진 사람과 인간이 넣어 주는 자료에 따라 행동하는 기계의 지능이 같을 수는 없다는 말이다.

인간을 모방하거나 따라 하기를 포함한 것으로부터 인공지능 과학은 시작되었고 날로 발전해 가고 있다. 인공지능 학자는 동물들은 인간들보다 모방하기 쉽다고 주장한다. 그러나 동물의 지능을 만족하는 계산 모델은 아직 없다. 기계가 생각하는 것은 불가능하다고 말한다.

인공지능의 탄생 이야기는 1940년대 후반과 1950년대 초반에 수학·철학·공학·경제 등 다양한 영역의 과학자들 사이에서 일어났다. 인공적인 두뇌의 가능성이 논의되다가 1956년에 이르러서 인공지능이 학문 분야로 들어섰다.

생각하는 기계에 대한 처음 연구는 1930년대 후기부터 나오기 시작한 아이디어에서 영감을 얻은 것이었다. 당시 신경학의 최신 연구는 실제 뇌가 뉴런으로 이루어진 전기적인 네트워크라고 보았다. 뉴런은 신경세포로부터 돌출되어 있는 신경섬유를 말한다. 정보과학은 디지털 신호로 묘사하고 어떤 형태의 계산도 디지털로 할 수 있다는 가능성을 보였는데, 그런 가상이 이미 실용되고 있다.

게임 인공지능은 1951년 맨체스터 대학교 페란티 마크 1세 교수가 기계를 사용하여 크리스토퍼 스트레이는 체커 프로그램을 작성하면서 시작되었다. 게임 인공지능은 역사 속에서 인공지능의 발전적 척도로 계속 이어지고 있다.

알파고의 아버지

프로바둑 기사 이세돌 9단과 인공지능(AI)을 갖춘 알파고(AlphaGO)가 세기의 바둑 대국을 벌인 서울 광화문 포시즌스호텔은 바둑의 성지로 떠오를 만큼 국민들의 관심이 폭발적이었다.

세기의 대국이 열리기 전에 많은 사람은 단순한 기계에 불과한 인공지능의 알파고가 천재 프로 기사인 이세돌 9단을 이길 수 없을 것이라고 예상하고 있었다.

하지만 이세돌 9단이 알파고에게 참패하자 기대와 관심은 충격으로 변했다. '소름 끼친다', '귀신에 홀린 듯하다', '인간이 너무 무력해지는 허탈감에 빠졌다'는 등 여러 가지 반응이 쏟아졌다.

그러나 이처럼 인간을 충격 속으로 빠지게 한 알파고는 아무 말도 없다. 무생물의 기계이기 때문이다. 그럼 알파고를 누가 만들었을까?

그 주인공은 40세의 영국인 데미스 하사비스다. '알파고의 아버

데미스 하사비스

지'로 불리는 하사비스는 1976년 런던에서 2남 2녀 중 장남으로 태어났다.

알파고를 개발한 하사비스 박사는 비디오 게임을 좋아하던 어린 시절을 보냈고, 디자이너 등 여러 방면에 걸쳐 자신의 경험과 철학을 풀어놓은 것으로 유명하다. 그는 어린 시절에 게임을 무척 많이 한 것으로 알려졌다. 게임을 좋아하는 친구들

의 아이큐가 비교적 높다는 기사가 나오고 이를 바로 마케팅을 활용하는 기사도 나왔다.

몇년 전만 해도 게임을 많이 하면 두뇌 발달은 안 되고 폭력성이 커진다고 걱정하는 사람들이 많았다. 그런 경향은 지금도 마찬가지이고, 앞으로도 그럴 것이라고 흔히 말한다. 과연 그럴까? 하지만 정답은 쉽게 내릴 수는 없다.

하사비스는 13세 때 세계 소년 체스대회에서 2위를 차지한 소년이다. 천재 소년으로 소문이 난 그는 초·중학 과정에서 한 학년씩을 뛰어넘는 월반을 거듭하며 고등학교를 또래 학생들보다 2년 빨리 졸업했다. 그러나 대학에 진학하지 않고 컴퓨터 게임 개발회사에 들어갔다. 여기서 시뮬레이션 게임 '테마파크'를 개발하였는데, 이 게임기가 수백만 개나 팔렸다. 그러나 그는 게임 개발회사를 그만두고 케임브리지 대학교 컴퓨터과학과에 진학했다.

대학을 졸업한 뒤 게임회사 '일릭서 스튜디오'를 창업했다. 그는 두뇌 올림픽 게임인 '마인드 스포츠 올림피아드'에서 5년 연속 챔피언을 차지했다. 2005년에는 '일릭서 스튜디오' 회사를 폐업하고 또다시 학생으로 돌아갔다. 유니버시티 칼리지 런던대학원에 입학해 뇌과학 연구에 몰두하여 박사학위를 받았다. 박사가 된 하사비스는 게임·컴퓨터·뇌과학 전문지식을 두루 갖춘 전문가로 2010년 뇌를 모방한 인공지능을 만들기로 결심하고 딥마인드 회사를 차렸다. 그로부터 3년 뒤에 이 회사를 미국의 세계적인 기업인 구글에 6,000억 원을 받고 넘겼다.

그런 뒤에 '구글 딥마인드' 대표로 인공지능 알파고를 만들어 내는 데 성공하였다. 알파고 탄생의 배후에는 하사비스의 흔들리지 않는 집념, 가족들의 넓은 이해, 서둘지 않고 차곡차곡 쌓아 올라가는 침착성 등이 뒷받침되었다.

하사비스의 부모는 장남이 체스와 컴퓨터 게임에 빠졌고, 대학교 진학을 포기할 때에도 대학교로 진학하지 않는다고 야단치지 않고 아들인 하사비스가 좋아하는 분야에서 마음껏 매달려 보라고 권유하면서 세월을 기다려 주었다.

하사비스는 세계 소년 체스대회 2위에 오른 뒤 학생의 길과 컴퓨터 게임회사 사원, 대학교 진학, 게임회사 설립, 대학원 진학, 박사학위 취득, 인공지능 회사 설립, 알파고 제작 등 27년간을 열심히 그리고 꾸준히 달려온 집념의 사나이다. 그는 앞으로 알파고를 인간처럼 느끼고 생각할 수 있는 알파고로 발전시키려는 꿈을 키워가고 있다. 인간을 기계에 종속시킬 수 있다는 우려도 나온다.

인공지능이 인간을 가상 적으로 삼아 더욱 발전하고 진화한다면 결국에는 알파고가 인간을 파멸시킬 수 있다는 걱정도 제기된다.

그러나 인간이 만든 인공지능은 인간의 지시에 따르게 되어 있으므로 인간의 지능을 앞설 수는 없다고 보기 때문에 걱정할 필요는 없다고 말한다.

경쟁 시대, 독서는 필수

뇌과학자들은 '경쟁 시대에는 독서가 필수'라고 말한다. 어린 시절 책 읽기가 중요한 것은 영·유아 때 인간 뇌가 폭발적으로 성장하기 때문이다. 생체학자들은 성장곡선으로 볼 때 갓난아기의 두뇌 중량은 성인의 25% 수준이지만 1세가 되면 50%, 3세 때는 75%, 6세 때까지 성인 중량의 90%에 도달한다. 이 시기를 결정적인 성장 시기라고 본다.

2015년 신시내티 어린이병원의 존 휴튼 박사팀은 부모가 3~5세 자녀에게 동화책을 읽어 줬을 때 아이들의 청각과 시각 정보 처리를 담당하는 왼쪽 뇌 속 일정 부위가 활성화된다는 사실을 밝혀내 세계적인 관심을 모았다. 책을 직접 읽지 않고 부모가 읽어 주는 것을 '듣는 것'만으로도 시각 관련 뇌 부위가 활성화되기는 하지만, 직접 책을 읽는 것에 비해 그 효과와 진도가 느리다는 것이다.

영·유아기뿐 아니라 모든 연령에 걸쳐 독서는 중요하지만, 특히 뇌의 외형적 발달이 거의 완성돼 성인과 같은 수준이 되는 만 12세 무렵까지는 독서 습관을 꼭 가져야 할 '골든타임'이라고 전문가들은 설명한다. 이 나이는 초등학교 5~6학년에 해당된다.

인공지능이 가져올 미래에 대한 두려움마저 커지고 있는 가운데 전문가들은 "인간은 독서와 같은 학습 과정을 통해 인간 고유의 딥러닝을 해야 미래에 살아남을 기초 체력을 다질 수 있다."라고 말한다. 실제로 대표적 뇌과학자들은 "현재 초·중학교 학생들은 미래에 어쩌면 기계와 경쟁해야 하는 첫 세대가 될 가능성이 크다. 그런데 이들을 인공지능이 도달할 수 없는 창의적·감성적 분야의 인재로 키우는 교육이 필수적"이라고 지적하고 있다.

특히 이세돌 9단과 대결한 알파고가 인간과의 바둑 대결에서 승리할 수 있었던 것은 받아들인 방대한 정보를 흡수만 한 것만이 아니라 스스로 수없이 많은 가상 대국을 펼쳐보는 반복 연습 과정을 거쳤기 때문이다. 인간은 인공지능이 가상 대국하듯 고전 읽기를 통해 스스로 질문하고 답하면서 사고를 넓혀갈 수 있다는 것이다.

뇌 전문가들은 인간이 인공지능에 비해 탁월한 것은 시각뿐 아니라 오감을 통해 방대한 자극을 받아들이고 창의적으로 사고한다는 것이다. 그 때문에 이 같은 장점을 살리기 위해서는 독서를 통한 뇌 계발이 필수라고 지적했다.

알파고 시대의 지능 계발

"인공지능과 경쟁할 아이들은 오감五感을 통해 창의적 사고를 넓혀라. 보물섬을 약탈한 해적선보다 더 많은 보물이 책 안에 가득 담겨 있다."

이 말은 미국 최대의 세계적인 레저 산업체 '디즈니랜드'와 '디즈니월드'를 설립한 월트 디즈니가 외친 말이다.

지금 영국 런던 레인즈파크 동네 도서관에서는 머리가 하얗게 센 백발의 할머니가 그리스 신화 책을 한 권 뽑아들고 6~7세짜리 어린이들에게 읽어준다는 뉴스가 전해지고 있다.

"초등학교 교사로 정년퇴임한 뒤 8년째 책 읽어 주기 자원봉사를 하고 있다."라는 이 할머니는 6~7세의 아이들에게는 책을 가까이하는 습관을 갖게 하는 것이 무척 중요하다고 말했다. 백발의 할머니는 "초등학생 때 독서를 소홀히 하면 어휘력이 부족해 책 읽기를 더 멀리 하게 된다."라고 강조했다.

영국뿐 아니다. 미국에선 신생아부터 11세 어린이들을 대상으로 한 '독서는 기본' 프로그램 등을 통해 책을 선물하거나 책을 읽어 준다. 프랑스에서도 0~3세 영·유아와 가족들 대상으로 책 읽기 요령을 알려주는 '첫 페이지' 독서 교육 활동이 활발하게 이루어지고 있다.

바야흐로 선진국마다 '독서 전쟁'이라 불릴 만큼 어린이들에게 책을 손에 들도록 권하고 있는 것이다. 뇌의학 전문가들은 이 같은 선진국의 영·유아와 어린이 대상 독서 교육을 두고 인간의 뇌를 모방해 탄생한 알파고의 '딥 러닝'인 인공기계 학습을 강조하고 있다. 어린 시절 책 읽어 주기와 책 읽기는 인공지능의 딥 러닝 과정처럼 인간의 뇌를 자극해 상상력과 창의성이란 '생각의 근력'을 키워 주는데 절대적인 영향을 미친다는 말이다.

TIP '딥 러닝'은 무엇인가?

딥 러닝(deep learning)은 학습 단계가 세분될수록 인공지능의 성능이 향상되는 것을 말한다. 다시 말하면 인공지능이 그림이나 사진과 같은 외부에서 넣어주는 데이터를 분석해 스스로 의미를 찾는 학습 과정이다.

예를 들면, 개와 고양이를 구분하지 못하는 컴퓨터에 수천만 장의 개와 고양이 사진을 입력한다. 1단계에서는 사진 밝기만 구별하고, 2단계에서 윤곽선을 구별하는 등 수십 단계를 거치면서 점점 복잡한 형태를 구분할 수 있게 되고, 나중에는 고양이 사진을 보고 이를 자동으로 '고양이'로 분류한다.

인간의 뇌에서 이뤄지는 정보 처리 과정을 모방한 것이다. 신경망이 깊으면 깊을수록, 다시 말해 학습 단계가 세분될수록 인공지능의 성능이 향상된다고 하여 '딥 러닝'이라는 이름을 붙였다.

알파고의 바둑판 인식 딥 러닝은 48단계 인공 신경망을 사용하였다.

'인류의 대표'로 최선

'인류의 대표'로 인공지능 컴퓨터 알파고와 세기의 대국을 치른 이세돌 9단은 아내(김현진), 딸(혜림)과 함께 제주도로 여행을 다녀왔다.

제주도에서 일주일간의 휴가를 보내면서 모처럼 가족들만의 시간을 보냈다. 캐나다로 유학을 떠난 아내와 딸이 잠시 귀국했지만, 알파고와 대국을 치르는 동안 오붓한 시간을 함께 보내지 못했기 때문에 가족을 위해 특별히 마련한 휴가였다.

"혜림이의 동물 사랑은 상상을 초월할 정도다. 미로공원, 휴애리 같은 곳을 둘러보았는데 너무 즐거워해 나도 피로가 싹 풀렸다."

사람들이 모이는 제주공항 대합실을 피해 공항 주차장에서 인터뷰를 진행하는 동안에도 사람들은 그에게 커피도 뽑아다 주고, 무작정 얼굴 들이밀고 셔터도 눌러댔다. 하늘을 찌르는 인기였다.

"내가 잘한 것이 없는데 모두들 수고했다니, 좀 쑥스러웠다."

그는 미소를 지으면서도 흐뭇한 표정을 감추지 않았다.

제주도로 가족 여행을 떠났던 이세돌 9단은 당초 일정보다 이틀을 단축해 5박 6일 만에 서울로 돌아왔다. 딸 혜림이 때문이었다. 캐나다로 떠나기 전에 함께 놀던 유치원 친구들과 만나고 싶다고 해서 앞당겨 올라왔다. 이세돌 9단의 아내와 딸은 4월 초에 일단 캐나다로 복귀했다가 8월 초에 귀국하여 제주도에 정착하게 된다. 4년 만의 귀국이다. 혜림이가 9월 학기부터 서귀포시 영어 교육 전문 한국국제학교에서 공부하게 된 때문이다. 이세돌 9단은 이렇게 말했다.

"이제 기러기 아빠 신세는 면했다. 헤어질 때마다 모두가 눈물 글썽거리며 이별할 일은 없어졌다. 알파고와의 대결 때 3연패를 하고도 일어설 수 있었던 것 역시 혜림이 덕분이다. 아이 앞에서는 절대 무너진 모습을 보일 수 없었다. 참담한 기분 속에서도 혜림이와 놀다 보면 의욕이 돌아온다. 다시 생각해도 5번의 기간 동안 가족을 부른 것은 잘한 일이었다."

그는 기계가 아무리 인간을 이기더라도 바둑의 가치는 변하지 않는다고 강조했다.

"나는 바둑을 예술로 배웠다. 승부는 예술성을 결정하는 요소가 아니라고 생각한다."

예술의 본질은 기쁨과 슬픔 같은 감정이나 창의력, 심미안인데 이게 빠진 승리는 예술로 인정해 줄 수 없다는 논리였다.

이세돌은 알파고의 대국이 끝난 뒤 보름 만에 김지석 9단과의 맥심배 8강전으로 다시 '인간 바둑계'로 돌아왔다. 컴퓨터와의 대결 이후 처음이다. '오랜 시간 알파고에 적응돼 있어 오히려 혼란스럽지 않았는가?' 라는 질문에 이세돌은 즉각 "별문제 없었다."라며 미소를 지었다. 인공지능 알파고와 대결 이후 보름 만에 프로바둑 기사들의 대결인 맥심배에서 김지석 9단을 꺾으며 '인간계'의 쾌승 폐달을 밟았고, 최대 규모 세계 기전인 잉창치배에 도전하는 등 2016년에도 3~4개의 국제 대회에 나가 좋은 성적으로 팬들에게 보답하였다. 알파고 충격을 딛고 그는 빠르게 본래의 '최강의 자리'로 돌아온 것이다.

'세기의 대결'이 끝난 뒤 바둑 전문 랭킹 사이트 고레이팅이 발표한 세계 랭킹 순위에 인공지능 알파고가 3,586점을 기록하며 2위로 올라섰다. 알파고는 이세돌 9단과 대결하기 전까지는 4위였는데 두 계단을 뛰어올랐다. 1위는 중국의 커제 9단이 3,621점으로 차지했고, 3위는 한국 랭킹 1위 박정환 9단이 3,569점, 4위는 일본의 이야마 유타 9단이 3,545점, 5위는 이세돌 9단이 3,520점으로 랭크되었다.

세계 바둑 랭킹은 바둑 기사들의 기력을 분석해 'ELO 포인트'를 기준으로 수치화하는 비공식 순위다. 바둑에는 축구의 국제축구연맹 (FIFA) 같은 공식적인 국제기구가 아직 없기 때문에 ELO 포인트를 기준으로 삼는다.

ELO 포인트는 헝가리 출신의 아르패드 엘뢰 물리학 교수가 1960년대에 고안한 것으로 자기보다 순위가 높은 사람에게 승리하면 순위가 많이 오르고 패배하면 살짝 떨어지는 방식이다. 또한, 자기보다 순위가 낮은 사람에게 승리하면 순위가 살짝 오르지만, 순위가 낮은 사람에게 패배하면 많이 떨어지는 방식이다. 이는 체스 선수들의 실력을 비교하기 위해 만든 것인데 효율성과 정확성이 입증되면서 바둑뿐만 아니라 다양한 게임 영역에서도 두루 인용하여 쓰고 있다.

연봉 14억 원 수준

이세돌 9단이 알파고를 상대로 첫 승을 따낸 뒤에 그의 수입이 다시금 화제에 올랐다. 2015년 최고의 수입을 올린 프로바둑 기사는 한국기원 기사 랭킹 2위에 오른 이세돌이었다. 이세돌 9단이 2015년도 한 해 동안 거둔 상금은 총 14억 1,000만 원으로 역대 최대 액수를 기록했다. 국내 기사 중 14억 원을 넘은 기사는 이세돌이 처음인 것으로 알려졌다.

제6장

지혜와 게임

제 6 장
지혜와 게임

바둑으로 배우는 지혜

혼히 말하기를 "바둑을 배우면 머리가 좋아진다."라고 한다. 이 말은 주로 아이들의 지능에 대해 연구를 하는 사람들이 하는 말이다. 머리를 좋게 하는 것들이 여러 가지 있기는 하지만 바둑처럼 아이들의 창의력과 지능 발달에 뛰어난 교육은 없다는 이야기이다.

정말 바둑이 지능 계발에 도움이 될까?

바둑의 승패는 집을 얼마나 많이 지었는가에 달려 있다. 집의 많고 적음으로 판가름이 나는 것이다. 그 때문에 한 판의 대국에 있어 상대방의 집과 내 집의 수를 눈으로 보고 계산하면서 두게 된다.

이런 계산을 주로 암산으로 하게 되므로 자연 수리력 향상에 커다란 도움이 될 것이다. 또 바둑에서는 '수읽기'라는 것이 있는데 이런 '수읽기'를 하다 보면 두뇌의 회전이 빨라지고 수에 대한 개념이 빨라진다. 바둑으로 집중력이 좋아진다는 이야기도 있다. 오늘날의 청소년들은 TV나 컴퓨터 등과 함께 생활하며 자라나기 때문에 한 가지에 집중을 잘하지 못한다는 지적이 많다.

특히 지금의 초등학교 고학년부터 중·고등학생의 경우는 리모컨 세대라는 말이 붙을 정도로 TV를 보더라도 한 프로만을 보는 것이 아니라 여기저기 리모컨 버튼을 눌러가며 본다. 이런 산만한 행동을 고치기 위해서는 무언가 차분히 앉아서 생각할 수 있는 일이 필요하다. 그런 일에 바둑이 빠질 수 없다는 이야기다. 바둑을 두면 그 한 판의 바둑에 푹 빠지게 되므로 정신을 다른 일에 돌리지 않게 되면서 정신 집중이 이루어진다고 한다.

바둑은 일종의 게임이다. 대국 후의 결과는 승패로 나누어지는데 상대방과의 대국 중에는 자연히 집중을 안 하고 옆 친구와 장난을 친다거나 딴 생각을 한다면 이길 수 없다는 것이 현실이다. 바둑 한 판을 두는데 보통 250수 정도 진행이 된다. 그 250수 전부를 집중해서 두지는 않는다 해도 한 수 한 수마다 집중하면서 놓아야 한다. 이렇게 바둑을 두는 동안에 자기도 모르는 사이에 일에 집중하는 습관이 생긴다. 그 집중력은 바로 한 가지 일에 몰두하는 습관을 길러준다.

바둑을 배우면 창의력과 응용력이 좋아진다는 말도 있다. 바둑은 가로 19줄, 세로 19줄이 그어진 바둑판 위에서 361개의 교착점에 돌을 놓아가면서 승부를 겨루는 게임이라 변화의 수가 그만큼 무한대라는 말이다.

바둑계에서는 평생 동안에 똑같이 두는 대국은 결코 한 판도 없다고 말한다. 대국을 할 때마다 새로운 바둑을 두게 되는 것이다. 또 새로운 대국을 하다 보면 새로운 모양이 나오고 새로운 작전이 필요하게 된다. 이렇게 변화하는 바둑을 두다 보면 자기도 모르는 사이에 창의력과 응용력이 생기게 마련이다.

바둑을 배우면 침착해진
다고 하는데, 이는 돌을 놓
을 때마다 생각을 가다듬
어 가면서 놓지 않으면 결
국은 모두 죽음을 당해 한
집도 제대로 짓지 못하게
된다는 것이다.

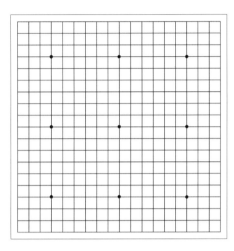

대국하는 동안에는 한 수
한 수에 집중을 하면서 두
어야 하기 때문에 자연히 침착성이 생기게 되는 것이다.

사람은 본래 천성적으로 남에게 지기 싫어하는 성품을 가지고 태
어난다. 바둑 대국에서 이기려면 침착하게 바둑을 두어야만 한다. 실
제로 바둑의 급수가 낮은 어린이는 대국 중에 자신이 불리하면 장난
을 친다든지 아니면 옆 친구의 바둑에 눈을 돌린다든지 혹은 큰소리
를 치는 경우가 있다. 상대의 집중력을 흩어 놓으려는 작전이다. 그
러나 바둑을 잘 두는 사람들은 그저 묵묵히 자기의 바둑만 보면서 생
각하고 둔다.

바둑과 기억력의 관계

바둑을 배우면 기억력이 좋아진다고 한다. 바둑은 한 판을 두고 난
뒤에 복기라는 것을 한다. 이는 두었던 바둑 한 판을 다시 그대로 두
어 보는 것으로 대국자가 한 판의 바둑 속에서 서로 잘못 두거나 잘
둔 곳을 다시 살펴보는 복습 과정이다.

그런데 그 많은 바둑돌의 순서를 어떻게 다 기억할 수 있을까? 하

지만 생각보다 간단하다. 한 판의 바둑을 두었을 때 한 수 한 수를 생각하고 의미를 두고 두었다면 자연스럽게 생각나는 것이 바둑이다. 참으로 신통할 정도이다. 이것은 바둑의 초보자에게는 다소 무리한 일이지만, 바둑 실력을 조금씩 조금씩 늘려 가면 그만큼 암기하고 있는 돌의 의미도 많아지기 때문에 가능하다. 나중에 완전한 한 판의 바둑을 다 외울 수 있으면 그때는 기억력에 있어서는 완전히 다른 경지에 올라선 것이 된다.

하지만 이런 일은 바둑을 오래 배웠다고 해서 이루어지는 것이 아니라, 그만큼 자기 스스로를 개발해 가야 하는 과정에서 저절로 얻어지는 것이다. 그런 노력을 통해서 기억력이 좋아지게 된다. 노력하지 않고 공짜로 얻어지는 대가는 하나도 없다. 바둑은 이러한 노력을 스스로 하도록 이끌어주는 게임이며, 그런 노력의 동기를 부여해 주는 경기이다.

바둑과 학업 성적과는 어떤 관계가 있을까? 이는 매우 중요하여 많은 사람이 관심을 갖는 부분이다. 실제로 바둑에 열중하다 보면 자연히 시간을 많이 빼앗기기 때문에 공부에 지장을 주어 성적이 떨어진다고 염려하는 경우가 많다. 그러나 바둑 교육으로 집중력이나 수리력, 침착성, 창의력이 좋아진다는 것은 천재 소년들이 어린 나이에 프로 기사로 입단하면서 이미 입증된 사실이다. 일본 문부성 자료에 따르면 바둑을 두면 뇌의 신경세포를 전체적으로 넓게 사용해 신경세포 간의 연결을 좋게 만들어 주기 때문에 머리가 좋아진다는 것이다.

아마 바둑 실력이 대략 15급 정도면 초등학교 1~2학년 과정, 13급 정도는 3~4학년 과정, 9급 정도면 초등학교 전 학년을 마친 것과 같은 수준이며, 7급 수준이면 중학교 과정을, 5급이면 고등학교 과정을, 2급이면 대학교 수준의 수학을 이해할 수 있는 능력이 있다고 발표하였다.

일본에서는 일부 고등학교 교과 과정에 바둑이 선택 과목으로 채택되어 있다. 우리나라에서도 일부 고등학교에서 특별활동으로 바둑반을 두어 교육하고, 일부 대학에도 바둑지도학과가 생겼다.

바둑의 변화는 끝이 없다고 말한다. 현재 세계 최강의 실력을 가진 우리나라의 이창호 9단은 "바둑은 끝이 없어서 계속해서 공부를 해야 한다."라고 강조했다.

바둑을 둘 때는 예절을 매우 중요하게 여긴다. 일선 바둑교실에서는 원생들에게 제일 먼저 강조하는 것이 바로 바둑 둘 때의 예절이다. 바른 자세와 행동, 상대에 대한 예의는 바둑을 두기 위한 기본이며 바둑을 가르치는 중요한 목적 중의 큰 덕목으로 되어 있다.

인류의 미덕은 '적응력'

바둑의 본질이 계산이라면, 인간은 계산에서 인간 능력을 뛰어넘은 기계를 이길 수 없다고 말한다. 계산에 관한 한 인간의 두뇌는 기계에 비해 한계점과 비효율적임이 드러났기 때문이다.

미래는 생각보다 가까이 와 있고 변화 속도는 우리가 느낄 수 없을 만큼 빠르게 돌아간다. 인류의 최대 미덕은 '변화에 대한 적응'이라고 사회학자들은 말한다. 어쩌면 이세돌 9단이 알파고에게 거둔 1승은 인간이 인공지능을 상대로 바둑에서 거둔 마지막 승리가 될지도 모른다. 알파고의 능력을 정확히 몰랐던 사람들은 처음에 '사람이라면 저렇게 두지 않는다', '저런 식으로 두면 야단맞을 수'

라며 훈수를 했다.

대국이 끝나고 알파고가 놓은 돌들이 '그 순간 최고의 선택'이었다는 것이 밝혀지면서 사람들은 또 한 번 크게 놀랐다. 인간이 계산하지 못하는 것을 인공지능이 단숨에 척척하고 있었다는 증명이었다.

그러나 기계의 인공지능이 제아무리 발달한다 해도 역시 인간이 만드는 것이다. 일파고가 인간과의 바둑 대국을 지배해도 인간 세계의 바둑 문화가 영원히 살아남을 것인가?

그렇다면 기계에게 바둑의 정상 자리를 내준 상태에서, 인간끼리 벌이는 바둑이 의미는 과연 무엇이며 또 어떤 뜻이 있을까?

바둑은 미래에도 살아남을 것이라고 본다. 인공지능의 발달로 말미암아 현재의 직업 가운데 상당수는 사라질 것이 확실하다고 여겨진다. 기계가 대신할 수 있는 것을 인간이 대신할 수 없기 때문에 그렇다. 인공지능이 만들 수 없는 영역을 얼마나 찾아내고 어떻게 상품화 할 수 있는지에 따라 결과가 달라지기는 하겠지만, 알파고의 승승장구는 가볍게 여기거나 외면만 할 수는 없는 파괴적 변혁의 열쇠가 되고 있다.

괴물과 싸워 이긴 사람

과학자들은 알파고를 두고 "기존에 빠른 연산을 하던 컴퓨터와는 달리, 인간이 지닌 직관과 통찰을 흉내 낸 인공지능"이라고 입을 모았다. 스스로 학습하고, 바둑에서 이기기 위해 한 수 한 수의 가치를 판단하는 알파고였다.

바둑 인공지능은 개발자조차 그 한계를 제대로 알 수 없었다는 점에서 '괴물'이라 불린다. 실체를 확실히 드러내지 않음으로써 사람들의 상상력을 자극해 두려움에 떨게 만드는 것이 바로 괴물이다.

알파고라는 괴물과 싸우는 와중에도 이세돌 9단은, 니체의 표현대로 스스로 괴물이 되지 않도록 끊임없이 경계하는 모습을 우리에게 보여 주었다. 자신의 패배를 합리화할 목적으로 상대의 실력을 결코 폄훼하지 않았으며, 주변에서 흔히 일어나는 불공정 게임 논란에 기대어 승부를 변질시키려고도 하지 않았다.

오히려 3연패를 당한 뒤에 밤을 지새우며 동료 바둑 기사들로부터 알파고를 이길 해법을 들으며 연구에 연구를 거듭했다. 그 결과 얻어낸 진리가 바로 "내 바둑을 두면 되지."라고 말한 것이다.

알파고와의 대국을 모두 마친 뒤에 언론을 통해 인공지능이 미래 문명에 미칠 다양한 시나리오들이 전달되었다. "기계에게 일자리를 빼앗길 것이다.", "인간이 기계의 판단에 의존하는 날이 올지 모른다."라는 등의 우려들이 쏟아졌다. 인공지능이 또 하나의 혐오의 대상으로 만들어져 가는 흐름을 드러낸 것이다. 괴물과 싸우면서도 그 안에서 스스로 괴물이 되지 않는 길은, 우리가 괴물로 규정한 그 무엇의 정체를 알아가는 데 있다. 실체를 알 수 없기에 밀려드는 공포심과 혐오감은 그 실체를 드러냄으로써 극복할 수 있다는 것이 세상의 진리이다.

결국 '인간' 이세돌은 인공지능 알파고와의 대결에서 공존을 위한 자성의 가치를 온몸으로 보여준 인물로 기록되었다. 그래서 괴물과 싸우고도 괴물이 되지 않은 사람이라는 찬사를 받았다.

여성 프로 기사의 세계

중국 당나라 시대의 명수인 왕적이 이름 모를 할머니에게서 바둑한 수를 배운 뒤에 크게 깨달아서 당시에 제1인자가 되었다는 전설같은 이야기가 전한다. 이로 미루어 볼 때 그 시절에 바둑을 잘 두는여성이 꽤 있었던 것 같다. 송나라 시대의 귀부인들에게는 바둑이 필수 교양과목처럼 여겨졌다고 한다.

우리나라 고려 시대에도 양갓집 규수들은 으레 바둑을 배웠다는기록이 남아 있다. 그러나 조선 시대에는 공자의 바둑관을 잘못 해석하여 유학이 바둑을 기피하는 바람에 쇠퇴기로 접어들었다. 더구나남존여비 사상이 팽배하여 여성에게는 학문 예술마저 근접하지 못하게 하였다. 그런 상황에서 바둑과의 인연이 더욱 멀어질 수밖에 없었다는 이야기이다.

오늘날에는 바둑에서도 남녀의 성차별이 무너졌다. 바둑이 남성들만의 전유물이 아니라 오히려 여성적인 측면이 더 강해지고 있다. 여성들에게는 섬세하고 정적이며 미학적인 아름다움이 넘쳐나기 때문이다. 프로바둑 기사는 최고의 직업, 자유로움이 가장 큰 매력의 직종으로 꼽힌다. 더구나 미녀 프로 기사는 선망의 대상이 되고 있다.

서울 중부경찰서 근처 '꽃보다 바둑센터'는 20대 여성 프로바둑 기사들이 의기투합해 운영하는 곳으로 유명하다. 그런 만큼 기존의 기원과는 달리 실내 장식과 프로그램 등 모든 면에서 여성의 섬세함이짙게 배어난다. '꽃보다 바둑센터'는 이다혜 프로 4단, 배윤진 3단,문도원 3단, 김혜림 2단 등 여성 프로 기사들이 2015년 8월 공동 출자해 문을 열었다. 반응은 매우 좋다. 문을 연 지 채 반년도 안 되어유료 회원이 벌써 100여 명에 육박하고 있다. 그런 이유는 성인이 바둑을 배울만한 곳이 많지 않은데 여기는 프로 기사들이 직접 지도하고 분위기도 아기자기하고 가족적이어서 편안하다는 것이다.

김효정 한국 프로기사회 회장은 '바둑의 전략'이라는 교양과목 방송 강의를 하는 전문 프로 기사이자 2013년 10월 31일 프로기사회 46년 역사상 첫 여성 회장인 동시에 역대 최연소 회장으로 당선된 인물이다. 300명이 넘는 바둑 프로 기사 가운데 여성 프로 기사들의 수는 대략 50여 명 수준이다. 이런 점을 감안할 때 김효정 회장의 등장은 바둑계에도 여성 파워가 강하게 불기 시작했다는 신호탄으로 풀이되었다.

일본에서 활동하고 있는 김현정 프로 3단은 바로 김효정 회장의 친언니로, 한국과 일본에서는 유일의 자매 프로 기사라는 타이틀도 가진 바둑 집안 자매 기사이다.

"어렸을 때는 바둑을 두는 것이 외롭고 친한 친구와 경쟁하기가 싫었는데 지금은 이야기거리가 되어 긍지와 보람을 느낀다. 프로바둑 기사는 여성으로서 최고의 직업"이라는 자부심도 드러냈다.

최정

현재 여성 프로 기사들은 1년에 단 2명만 배출되고 있다. 그만큼 희소성이 있고 활동이 자유롭다는 것이 가장 큰 장점이다. 물론 전문직인 만큼 결혼 후에도 대회 출전이나 교습 등 다양한 활동이 가능하다는 것도 빼놓을 수 없는 장점이다.

현재 최고의 여류 기사는 21세의 최정 6단이다. 여류 명인전 5연패를 이룬 여성이다. 현재 한국 랭킹 70위대 권에 있는 유일한 여류 기사로, 요즘 한국 바둑계에 독보적 여자 기사로 인기를 끌고 있다.

특히 여성 프로 기사들은 군대와 교도소 등에도 초청을 받아 바둑 보급에도 큰 성과를 올리고 있는 실정이다.

"바둑을 두면 차분해지고 인내심이 생긴다. 모든 문제를 더 깊이 생각하는 버릇도 생기고, 자연스럽게 폭력이나 왕따 문제가 줄고 극단적인 선택도 예방하는 효과가 있다."라고 여성 프로 기사들은 입을 모았다.

프로 기사로 입단만 되면 시간당 대국비가 최소 50만 원 정도에 이른다는 것도 매력의 포인트이다. 다만, 바둑 대국에서는 여자 기사들이 남자 기사들에게 밀린다는 결점이 있다고 실토한다. 첫째 이유는 늘 지적받는 체력 때문이다. 여성들은 남성에 비해 체력이 약하다 보니 순간적으로 집중해야 할 시간에 능동적으로 대처하기가 힘들어서 그렇다는 것이다. 다음은 여성 기사의 인재 부족이다. 연습생만 보더라도, 대부분이 남자이다. 그만큼 여자들은 바둑에 관심이 적다는 말이 된다. 세 번째로는 두뇌 특성 차이 때문이라는 이야기도 나온다.

여성 바둑계에 이방인의 돌풍

우리나라 역대 여자 프로바둑 기사 가운데 대국전에서 남성을 제친 사람은 아직 없다. 그런데 이창호, 조훈현 9단을 누른 여성 프로 기사가 있다. 그 사람은 중국 여성이었다.

중국의 루이나이웨이芮乃偉 9단은 이창호 9단을 제치고 국수전 우승 타이틀을 차지하면서 한국 기단에 이름을 올렸다. 그 뒤에 조훈현 9단도 꺾으면서 파란을 일으켰다. 루이나이웨이는 한국의 남성 프로 9단을 누른 최초의 외국인이자 최초의 여성 기사라는 기록을 세웠다.

루이나이웨이

루이나이웨이는 이런 말을 했다.

"내가 보기에 일단 남자와 여자의 머리 구조가 다른 것 같다. 남자는 전체적인 것을 보는 눈이 좋지만, 여자는 부분적인 면을 더 잘 본다. 또 여자는 남자보다 감성적인 면이 많은데 바둑에서는 이런 부분이 약점으로 작용하는 것 같다."

바둑은 기본적으로 수읽기가 강한 기사가 이기는 경우가 많다. 부분적인 수읽기 능력은 여성들도 남성에 비해 큰 차이는 없다는 것이 정설이지만, 바둑은 부분적인 접전 외에도 전체적인 시야와 형세 판단 등이 매우 중요한 종목이다.

여성들에게 가장 부족한 부분은 전체를 보는 대세관이 부족하다는 지적이 많다. 여성 프로 기사 대부분이 전투 바둑을 둔다는 것도 특성이다. 반면에 남성 상위권 기사들의 바둑을 보면 전투보다는 밀고 당기는 협상이 계속되는 바둑들이 주류를 이루고 있다. 알 수 없는 길, 미지수의 세계로 바둑을 내던지지 않고 전체적인 대세관을 기초로 부분 접전에서 약간의 이득을 보려는 시도를 많이 한다. 어느 한 순간에 바둑이 끝나 버리는 전투 바둑은 99% 확신이 없는 한 자제하고 돌아가는 편이다.

반면에 여성 프로 기사들은 양보라는 것이 없고 형세가 유리한지 또는 불리한지에 관계없이 전투를 쌍방 간에 피하지 않는 특성을 자주 보인다는 것이 결점으로 지적된다.

워낙 탁월한 전투력을 보유했던 중국의 루이나이웨이 9단도 이 전투력을 기반으로 국내 최강 이창호 9단을 물리치고 오픈 기전 우승을 차지한 유일한 여성 기사로 유명하다. 이창호 9단에게도 승률 5할이 넘었던 몇 안 되는 기사가 바로 루이 9단이다. 그렇지만 많은 여성 기사들은 전투 바둑의 특성이 여류 기사들의 경쟁력을 떨어트린다는 점도 잘 안다.

우리나라 여성 프로바둑계를 지도해준 중국의 여류 프로 기사 루이나이웨이는 1963년 12월 28일생이다. 남편 장주주와 함께 부부가 모두 프로 9단이다. 세계 최고의 여성 프로바둑 기사로 여겨지며, 주요 남녀 혼합 바둑 기전에서 우승한 경력이 있는 여성 바둑 기사이기도 하다. 11세 때 바둑을 시작하여 1985년에 중국기원의 프로 기사가 되었다. 1988년 여자로서는 세계 최초로 9단에 올랐다. 미국에서 망명생활을 하던 중에 조훈현 9단의 도움으로 1999년부터 2011년까지 한국기원 소속 프로 기사로 활동하면서 한국의 여성 기전을 모두 석권하였다. 1999년 제43회 국수전에서는 조훈현 9단을 누르고 최초의 외국인이자 최초의 여성 기사로 국수에 등극하기도 하였다. 12년 8개월간 한국기원에서 활약하면서 여섯 차례 모든 여류 기전을 싹쓸이하는 등 통산 27회의 여류 기전 우승 및 국수와 맥심배를 포함하여 29개의 타이틀을 차지하였다.

2011년 11월 무려 21년 만에 망명생활에서 벗어나 남편과 함께 고국으로 돌아가 상하이기원으로 복귀하였다.

바둑에 열광한 천재 과학자들

세계적인 과학자, 수학자들도 바둑에 열광했다. 아인슈타인, 앨런 튜링 같은 천재들이 그 주인공이다. 그들은 왜 바둑에 열광했을까?

서양에서는 체스가 인기를 끌지만 동양의 바둑에 해당하는 게임이 없다. 이 때문에 서구권에서는 바둑에 대한 궁금증이 있어 왔다. 특히 수학자, 물리학자, 컴퓨터 과학자들은 바둑이 체스보다 훨씬 더 지능적인 게임이라며 오래전부터 동경해 왔다.

독일에서 미국으로 망명한 세계적인 과학자 아인슈타인은 바둑을 좋아하고 시간이 날 때마다 즐겨 뒀다고 전한다. 미국의 수학자 존 내쉬 역시 프린스턴 대학교의 바둑 마니아로 아인슈타인의 계보를 이었다. 영국의 천재 수학자이자 과학자 앨런 튜링도 바둑을 즐겨 두었다. 그는 제2차 세계대전 당시 암호 해독자로 일하면서 동료인 수학자 어빙 존 굿에게 바둑을 가르쳐준 인물이다. 어빙 존 굿은 '지능 폭발' 연구를 통해 특이점 이론을 밝혀낸 과학자이다. 특이점 이론이란 기계 또는 기술이 인간의 지능을 초월하는 순간을 규명한 이론으로, 최근 알파고의 인공지능이 화제가 되면서 다시금 떠오른 인물이다. 어빙 존 굿은 1965년 뉴사이언티스트에 '바둑의 신비'라는 제목의 글을 발표하였는데, 이 글에서 바둑이라는 게임의 인공지능 프로그래밍에 대해 상당한 영향을 주었다는 말이 새삼스럽게 화제가 되고 있는 것이다.

통계의 진리

한국 바둑 70주년을 기념해 열린 조훈현 9단과 조치훈 9단의 특별 대국이 많은 사람에게 관심을 끌면서 화제를 뿌렸다. 한국 바둑계의 전설적인 두 스타의 맞대결 결과는 조치훈 9단이 초읽기에 몰려 시간을 넘겨 버리는 바람에 싱겁게도 조훈현 9단의 시간 승으로 끝났다. 대국을 마친 뒤에 한국 바둑계의 거목인 두 사람이 인터뷰를 통해 쏟아낸 말이 또 감동적이었다. 승리를 한 조훈현 9단은 "조치훈 9단이 대국에서는 이기고 승부는 져주는 절묘한 바둑을 두었다."라며 상대방을 칭찬하는 멋진 위로의 말을 전했다.

그러자 젊은 시절 "목숨을 걸고 바둑을 둔다."라고 말해 화제를 모았던 조치훈 9단도 "바둑이 약해지니 사람이 겸손하면서 훌륭해진다."라는 철학적인 말로 화답을 한 것이다.

조훈현 9단은 《고수의 생각법》이라는 에세이집을 통해 "생각을 바꾸면 행동이 바뀌고, 심지어는 결과가 달라진다."라는 명언을 남겼다. 그 말이 의미하는 생각의 깊이와 위대함은 바둑 최고수의 바둑 인생을 압축해 놓은 것으로 풀이되었다.

바둑은 중국의 요순시대에 천문을 연구하는 도구로 사용되었다고 전하는 것처럼, 바둑판의 정중앙에 있는 점은 태극太極을, 흑과 백의 돌은 음양陰陽을 상징하는 깊은 의미를 지닌다. 바둑판은 가로 세로가 똑같이 19줄로 총 19×19=361집인데 한가운데 있는 '천원天元'이라는 점을 제외하면 모두 360집이 된다. 이는 1년이 약 360일이라는 천문학적 사실에서 비롯되었다고 한다. 가로세로 19줄이 빚어내는 361개의 교착점에서 태극과 음양의 조화를 이루면서 우주의 만물이 탄생하고 소멸하는 운동을 연출하는 것이라고 보았다. 흑과 백이 어우러지는 바둑은 음양오행 이론에 기반을 두고 우주를 형상화하였다는 이야기이다. 그래서 '신선놀음' 또는 '선비놀음'이라고도 한다. 바둑은 시간과 공간으로부터 정말로 벗어나는 놀라운 해방감을 맛보게 해준다는 말이 있다. 옛날 선비가 "신선과 바둑을 몇 판 두고 나서 집으로 돌아와 보니 이미 100년이라는 긴 시간이 지나고 아내는 죽은 지 오래되었고, 자손들마저 늙은이가 되어 지팡이를 짚고 다니더라."라고 말했다는 전설 같은 이야기도 있다.

바둑은 아무리 두어도 똑같은 대국을 둘 수 없다고 말한다. 똑같은 대국이 나올 수 없다는 말이다. 그럴 정도로 바둑판이 만들어 내는 우주는 광대하고 드넓고 오묘하다. 고수들은 이 변화무쌍한 바둑판 위에서 하늘의 섭리와 이치, 우주의 순항과 질서, 인간의 생각과 슬기를 조화롭게 엮어내고 있다. 바둑 고수들은 그 누구보다 바둑판의 묘미를 더 잘 알고 멋지게 활용하는 사람들이다.

바둑을 일컬을 때 흔히들 '통계의 바다'라는 말을 한다. 세상이 날로 발전하여 첨단 사회, 초스피드 사회로 들어서면서 복잡하고 다양해진 오늘날 통계의 폭과 깊이가 바다만큼 넓고 깊다는 의미와 같다. 그런 시대에 사는 사람들이 '도낏자루 썩는 줄 모르는 신선놀음'이라는 바둑판에 한가롭게 매달려 있을 수 있는가? 하고 질책을 하기도 한다.

최근 전 세계적으로 초미의 관심사가 되고 있는 빅데이터에 이르면 정보의 양이 바다의 크기를 훌쩍 뛰어넘어 우주 공간 속으로 솟아오른다고 표현한다. 이처럼 방대한 통계의 바다에서 가치 있고 의미 있는 정보를 찾아내고자 각계각층의 고수들이 머리를 싸매고 있는 것이 오늘의 현실이다. 그런 노력은 통계의 바다에서 각종 통계 자료를 찾아내어 인생의 급수와 삶의 단수를 더 높은 차원으로 올려보자는 것 때문이다.

제7장
새로운 미래

제 7 장
새로운 미래

박정환 시대 열려

박정환 9단은 지금 한국 바둑 랭킹 1위를 달리고 있다. 그런데도 한국 바둑을 대표하는 얼굴은 아직 이세돌 9단이다. 왜 그럴까?

2016년도 새해로 접어들면서 이세돌 9단은 1월에 중국 랭킹 1위 커제와 세기의 대결을 펼쳤고, 2월에는 동양 3국의 1인자끼리 대결하는 하세배에 초청받았다. 이때 이세돌 9단을 중국기원에서 한국 1인자로 선정한 것이다. 이세돌 9단은 3월에 열린 국가 대항전인 농심신라면배에 한국 대표팀 마지막 주자로 나섰다. 그리고 4월에는 알파고의 개국자로 명성을 떨쳤다. 최근 몇 년 동안 중국은 스웨, 판팅위, 미위팅, 저우루이양, 탕웨이싱, 퉈자시 등 90년 이후 세대들이 판을 치고 있다. 이들이 서로 경쟁하듯 돌아가며 세계대회 우승을 차지했다.

그런데 한국 바둑은 마치 두더지 게임을 하는 것처럼 매년 새롭게 튀어나오는 대륙의 샛별로 떠오른 신진 스타들을 누르며 중국 바둑과 아슬아슬한 균형을 유지하기에 바빴다는 것이 바둑계의 분석이다. 2015년 들어 상황이 조금 달라졌지만, 춘추전국시대와도 같았던 중국 바둑계에서는 커제가 패권을 잡아 천하통일을 향한 본격적인 진군을 시작했다. 몽백합배 결승 5번기 때에 이세돌을 정조준했던 커제의 도발이 그걸 말해준다.

더구나 구글이 만든 인공지능 프로그램 알파고도 이세돌 9단에게 도전장을 던졌고 승리를 거두면서 세계를 경악하게 만들었다. 앞으로는 구글뿐만 아니라 페이스북, 마이크로소프트 등 세계 최고의 기업들이 만들어 내는 인공지능이 바둑을 정복하기 위해 뜨거운 각축전을 펼칠 것이 분명하다. 그렇다면 이들이 도전할 주인공은 누구일까? 계속 이세돌일까? 아니면 한국 랭킹 1위 박정환일까? 여기에 초점이 모아지고 있다.

프로바둑에서는 30대가 넘어가면서 맞닥뜨린 체력적인 한계가 오기 때문에 우승과 준우승의 차이를 만들고 있다는 말이 공공연하게 떠돌아다닌다. 바둑에서 30이 넘으면 이미 고령자라는 말과도 같다.

박정환

그러나 우리에게는 '히든카드'로 박정환 9단이 있다고 말한다. 이세돌 9단이 버텨주는 동안에, 최소한 이동훈과 신진서가 더 클 때까지 한국 바둑의 진정한 기둥이 될 기사로는 박정환 9단이라는 이야기이다. 이미 실력도 나이도 절정기에 올라 있기 때문이다.

박정환은 2011년도 제24회 후지쯔배와 2015년도 제19회 LG배 세계기왕전에서 우승한 기력을 지니고 있다. 하지만 중국 기사에게 막혀 중간에 주저앉는 경우가 많아 팬들은 그를 아직은 '국내용'이라고 평가한다. 그래서 국내용의 한계를 뛰어넘어 국내 대회의 압도적인 승률을 세계대회로 끌고 가야 한다는 주문이 잇따르고 있다. 박정환은 지금 바로 눈앞에 이세돌 9단과 중국의 커제 9단이 버티고 있어 이들을 뛰어넘어야 한다. 현재 한국 랭킹 1위에 올라 있는 박정환과 중국 랭킹 1위 커제의 대결은 한국 바둑계와 중국 바둑계 전체를 대변하는 승부 게임과도 같다고 말한다. 커제는 1997년생으로 박정환보다 네살이나 어리다는 것이 변수이다.

그래서 지금은 대등한 승부를 벌인다 해도 세월에 지나면 커제의 젊음에 밀릴 가능성이 높다고 걱정하는 것이다. 커제가 더 크기 전에 박정환이 뭔가를 보여줘야 하는 이유 중 하나가 바로 나이라는 핸디캡이다. 또 랭킹에서는 박정환 9단이 커제보다 2016년 5월 기준으로 이미 27개월째 앞서 있지만, 열 살 위 선배인 이세돌 9단과 만나기만 하면 지는 해법도 찾아야 한다고 말한다.

13세 때 프로 입단

1993년생인 박정환은 서울 출신으로 충암중·고교에서 바둑을 배운 뒤 2006년 5월 만 13세로 입단했다. 입단 전후로 이미 바둑계 블루칩으로 인정받았던 박정환은 입단 5년차인 2010년부터 성적이 급격히 상승하여 2010년 1월 랭킹 8위였지만, 그해 12월에는 2위까지로 단숨에 껑충 오르는 놀라움을 보여주었다.

그리고 국내 대회 국수, 천원, 십단, 한국물가정보배, GS칼텍스배, 맥심커피배, KBS 바둑왕 등 다수의 대회에서 섭렵하여 무한도전을 거듭해 왔다. 박정환은 2015년 상금 수입만 8억 원을 넘어섰고, 2015 바둑대상을 받으며 승률상, 다승상, 연승상 3관왕까지 거머쥐었다.

세계대회 성적 부진은 박정환의 가장 큰 고민거리다. 세계대회 본선에서 박정환의 앞을 가로막은 상대는 거의 대부분이 천야오예, 탕웨이싱, 스웨, 저우루이양, 렌샤오, 미위팅, 판팅위, 커제 등 또래의 중국 기사들이다. 이에 대해 서봉수 9단은 "다들 실력이 비슷하다. 박정환만큼 재주 있는 기사들이 중국에 많다는 증거가 아닐까? 정말 박정환의 실력이 중국 기사들에게 밀리는 것일까? 그렇지 않다."라고 말했다.

박정환과 중국 랭킹 10위권 기사와 겨룬 기록을 살펴볼 때 그런 대답이 나온다. 박정환이 한국 랭킹 1위에 오른 2013년 7월 이후 대국 기준으로 상대 전적을 보면, 박정환은 커제와 1승 3패, 스웨와 4승 4패, 저우루이양과 6승 1패, 천야오예에게 8승 5패, 렌샤오와 1승 0패, 구리와 1승 2패, 미위팅에게 2승 0패, 탕웨이싱과 3승 3패를 기록했다.

박정환이 커제와 구리에게는 다소 밀리는 감이 있으나 그 밖의 기사들과는 대부분 우세하거나 팽팽하다. 이 기록에서 재미있는 사실은 박정환이 중국 기사를 상대로 거둔 승점에는 단체전인 갑조 리그에서 승수가 많이 반영되었다는 점이다. 박정환은 예전부터 단체전에서 유독 승률이 좋았다. 2010년도 광저우 아시안게임에서 금메달을 휩쓰는데 큰 공을 세웠고, 매년 한국 바둑 리그와 중국 갑조 리그에서 주장으로 큰 활약을 했다. 2015년도 갑조 리그 항저우팀과 한국 바둑 리그 티브로드팀 주장으로 뛰며 두 팀을 모두 우승으로 이끌었다. 특히 갑조 리그에서는 중국의 최강자 누구도 박정환의 상대가 되지 못했다는 점이다.

박정환이 개인전보다 팀에 소속해 대국하면 성적이 좋은 이유는 무엇일까? 승부욕과 책임감이 크다는 것이다. 확실한 점은 세계대회 본선 무대에서 지는 이유는 결코 실력이 중국 기사보다 약하거나 뒤져서가 아니라 중국 기사에 대한 징크스가 있다는 분석이다.

한국 국가대표팀의 목진석 코치는 "박정환은 단점이 없는 바둑이다. 골고루 강하다는 점은 중국의 초일류 기사도 비슷하지만, 박정환을 넘어서는 기사를 찾긴 어렵다. 또 한국과 중국을 통틀어 가장 열심히 공부하는 프로 기사"라고 평가하고 있다. 박정환의 바둑은 "약간 엷어질 때는 있어도 집으로 잘 밀리진 않는다. 불리한 형세라도 일단 집 균형만은 잘 맞춰 놓고 승부를 거는 스타일이다. 그런데 이 시점에 실리와 불리를 감수하면서 흑대마를 그냥 넘겨주는 게 좀 이상하게 보인다. 그러나 일련의 작전과 심리전이 기가 막히다. 바둑의 고급 기술을 다 갖추고 있다."라고 해설자들은 말한다.

"바둑에서의 약점은 실력이 아니라 마음이다!"

2016년 1월 21일의 일이다. 이날 43기 명인전 결승 4국이 열렸는데, 결승 5번기에서 박정환은 이세돌에게 먼저 2패를 당했지만, 2주후 열린 결승 3국부터 분위기가 사뭇 달라졌다. 그 사이에 박정환은 KBS 바둑왕전 결승에서 이세돌을 2대1로 꺾고 우승을 차지했고, 국수전 도전기에서 도전자 조한승을 3대0으로 제압하고 타이틀 방어에 성공했다.

실력을 넘어서 흔들리지 않는 부동심, 마음의 평정을 갈고 닦는 일은 승부사의 가장 중요한 덕목이다. 결승만 올라가면 우승에 대한 안도감을 주었던 전성기의 이창호와 이세돌과 같이 박정환도 그만의 카리스마를 만들어야 한다는 주문이 많다.

서봉수 9단은 이렇게 말했다.

"바둑에서는 이길 때도 있고, 질 때도 있다. 그러나 바둑은 잠깐 길을 잘못 들면 박살 나는 게임이다. 변화를 함부로 만들어선 안 된다. 포석에서 하나의 틀에 얽매이지 않고, 자유자재하게 두는 것은 좋다. 물론 박정환이 잘 이기지만, 이제는 더 확실히 이기는 코스로 가는 안정감이 필요한 때다."

승부의 해답은 반상 밖에 있다는 말들을 많이 한다.

박정환은 어려서부터 앞만 보고 쉴 새 없이 달려왔다. 이제 자신의 위치와 인생을 되돌아보며, 사색을 통해 승부의 먼 길을 가기 위한 마음을 키워야 할 때다. 사색의 시간을 가지면서 동시에 체력까지 기를 수 있다는 말이다. 지금 박정환은 바둑의 기술적인 면에서 정점에 올라 있다. 그러나 박정환의 바둑과 승부가 한 차원을 넘어서는 방법은 바둑판 밖에 있다고 말한다.

바둑올림픽 일화

바둑에도 올림픽이 있다. 스포츠가 4년마다 지구촌을 돌면서 올림픽을 개최하는 것처럼 바둑도 4년마다 한 번씩 열리는 세계대회가 있다 하여 '바둑올림픽'이라고 부른다. 바둑올림픽은 바로 잉창치배 바둑대회로 2016년 제8회 무대가 4월 19일 중국 상하이에서 펼쳐졌다.

한국은 이세돌 9단과 한국 랭킹 1위 박정환 9단이 나란히 4강에 오르면서 바둑 실력을 자랑했다. 대회는 본선 1회전을 거쳐 토너먼트로 이어졌다. 중국 10명, 한국 6명, 일본 6명, 대만과 미주, 유럽 대표 각 2명 등 모두 28명이 바둑 승부를 겨루었다. 지난번 대회 입상자 14명도 참가하여 숨 가쁜 대국을 펼쳤다.

잉창치배는 세계바둑대회의 효시라 할 수 있는 기전이다. 1988년 서울올림픽이 벌어지던 해 대만의 사업가 고故 잉창치應昌期 기사가 당시로서는 파격적인 우승 상금 40만 달러를 내걸고 세계바둑대회를 개최한다고 밝혀 한국과 중국, 일본 3국이 발칵 뒤집힐 정도로 이슈를 모았다. 더구나 바둑 강국이라고 자랑하던 일본은 자존심이 구겨졌다며 흥분했다. 현대 바둑의 종주국을 자처하던 일본은 1등 자리를 빼앗기기 싫다며 부랴부랴 잉창치배보다 앞선 4월 후지쯔배를 개최하는 촌극까지 벌였다. 한국에서도 질세라 삼성화재배, LG배가 잇달아 창설돼 본격적인 세계 기전의 3국 시대를 맞게 되는 것이다.

잉창치배 초대 우승자는 한국의 스타 조훈현 기사였다. 그는 결승전에서 당시 세계 최강이라던 녜웨이핑과 피를 말리는 사투 끝에 3 대2 역전승을 거뒀다. 하지만 당시 바둑 변방이었던 한국은 생각지 못한 수모를 겪었다. 주최 측은 총 16명의 각국 기사를 국적별로 초청했는데 한국 몫은 달랑 2명뿐이었다. 조훈현과 조치훈. 하지만 조치훈은 일본기원에 적을 두고 있었으므로 실제 한국 몫은 1장인 셈이었다. 한국 바둑은 중국과 일본에 비해 아직은 한참 아래라는 뜻이었다. 굴욕적인 조건이다. 조훈현 9단은 챔피언에 올라 중국과 일본의 코를 납작하게 만들어 버렸다.

조훈현이 제1회 잉창치배에서 선보인 무용담은 지금도 한국 바둑을 넘어 세계 바둑 역사의 신화적 전설로 전해진다. 제1회 잉창치배가 끝난 직후 중국 언론에 실린 바둑 대회 평이 기발했다.

중국 자존심에 먹칠

중국 바둑 역사상 1988년 8월 20일은 진한 글씨로 굵게 써 내려 갔다. 이날 세계를 호령하는 특급 바둑 스타들이 베이징에 모여 잉 창치배 개막식에 참가했다. 중국 바둑의 수장 진조덕은 매우 흐뭇 한 표정이었다. 세계 최고 규모의 바둑대회 후원자가 중국인이기 때문이다.

하지만 진조덕보다 한층 더 흐뭇한 사람이 있었으니 거액을 내놓 아 이번 대회를 주최한 대만 실업가 잉창치였다. 참을 수 없이 기뻐 하는 그의 모습은 마치 천군만마를 지휘하는 원수가 투지로 끓어오 르는 모습을 방불케 만들었다. 그는 귀를 늘어뜨린 채 주의 깊게 고수들 각각의 개막 소감을 경청했다. 16명의 고수들이 즉석 발언을 토해냈다. 조치훈과 가토가 조심스러운 태도로 '2회전에 진입하고 싶다.'라고 말했고, 다케미야는 희희낙락하면서 '중국인과 일본인 가 운데 누가 우승을 차지하든 마찬가지'라면서 내심으로는 자기가 우 승할 것이라는 욕심을 내비쳤다.

그러나 당시 바둑계의 거성으로 불리던 린하이펑은 '이처럼 많은 고수의 대결은 앞날을 예측할 수 없다. 한 판 한 판 두어갈 뿐'이라고 느릿느릿 말했다. 고바야시 순서가 지나간 뒤 중국 바둑의 황제로 불 리는 녜웨이핑은 나름대로 치밀하게 계산적인 말로 '중국인이 제일 이 되기를 바란다.'라고 말했다.

잉창치는 박수를 연달아 쳤다. 그가 보기에 결승전은 마땅히 녜웨 이핑과 린하이펑 간의 대국으로 전개될 것이다. 만약 진짜로 그렇게 만 된다면 그보다 더 완벽할 수 없는 일이라고 생각하였다. 그런데 이런 중국인들의 달콤한 보랏빛 꿈은 여지없이 날아가 버렸다. 그들의 예상을 보기 좋게 무너뜨린 사람은 아무도 주목하지 않은 한국의 스타 조훈현 기사였다.

바둑 우승 카퍼레이드로 축하

첫 대회였던 1988년 제1회 잉창치배에서 우승컵을 안고 한국에 돌아온 조훈현 기사가 바둑인으로는 처음으로 카퍼레이드를 연출하며 우승의 기쁨을 전달해 화제가 되었다.

그런 쾌거를 이룩한 조훈현 기사는 1988년 제1회 잉창치배에서 우승한 뒤 영광의 우승컵을 안고 한국에 돌아온 날, 김포공항에서 종로 한국기원까지 카퍼레이드를 펼쳤던 것이다.

2016년 봄을 화려하게 장식한 이세돌 9단이 인공지능 알파고와 대결을 벌이는 과정에서 국민 영웅으로 떠올랐지만, 당시 조훈현의 인기는 그보다 더 앞선 것이었다.

그 뒤로 잉창치배 바둑대회는 한국의 프로 기사인 서봉수 9단이 2회에서 우승한 것을 비롯하여, 유창혁 9단이 3회, 이창호 9단이 4회, 최철한 9단이 6회에서 각각 한 번씩 우승하며 한국 바둑을 일약 세계

바둑의 정상으로 끌어올리면서 찬란한 금자탑을 우뚝 세웠다. 제7회 대회에서는 떠오르는 샛별 박정환 9단이 아깝게 준우승에 머물렀다.

박정환, 중국 1위 커제 꺾어

2016년 4월 제8회 잉창치배에서 박정환 9단은 중국 랭킹 1위인 커제 9단을 통쾌하게 꺾고 준결승에 진출하면서 다시 한 번 회오리바람을 일으켰다.

제7회 대회에서 준우승을 차지했던 박정환 9단은 중국 상하이 잉씨교육기금회 빌딩에서 열린 제8회 잉창치배 세계바둑선수권 본선 8강전에서 293수 만에 커제 9단에 백 1점 승을 거뒀다. 한국식 규칙으로는 반집 승에 해당한다.

커제 9단은 지난해 세계대회 3관왕에 오른 강자다. 박정환 9단은 이전까지 커제 9단에게 1승 3패로 열세에 몰려 있었다. 박정환은 역전에 역전을 거듭하는 접전을 벌였다. 주어진 제한 시간 3시간을 1번

박정환   커제

넘겨 2집 페널티를 받기도 했지만 결국 승리한 것이다.

잉창치배는 제8회 대회부터 제한 시간이 기존 3시간 30분에서 3시간으로 30분 줄었고, 초읽기 대신 주어지는 벌점도 시간 초과 시 20분당 2집씩 공제로 바뀌었다.

잉창치배는 대회 창시자인 잉창치가 고안한 잉씨 룰을 사용한다. '전만법'이라고도 불리는 잉씨 룰은 집이 아닌 점點으로 승부를 가리며 덤은 8점(7집 반)이다. 잉창치배 우승 상금은 단일 대회로는 최고 액수인 40만 달러(한화 약 4억 6,000만 원)이지만, 30년 전 상금이 한 번도 오르지 않고 그대로인 것은 무척 아쉬운 일이라고 바둑계에서는 입을 모아 말한다.

알파고 여파로 세계대회 창설 붐

세계 바둑올림픽에 또 하나의 도전적인 대형 세계대회가 탄생했다. 중국의 에너지 그룹 신아오가 후원하는 신아오배 세계바둑오픈전이 그것이다. 제1회 신아오배 세계바둑오픈전은 2016년 5월 24일부터 베이징 중국기원에서 통합 예선을 시작으로 막이 올랐다. 신아오배는 통합 예선과 시드를 부여받은 64명이 본선 토너먼트를 벌여 결승 5번기로 초대 우승자를 확정 짓는 방식이었다. 본선 제한 시간은 각자 2시간 30분에 1분 초읽기 5회가 주어져서 박진감이 넘치는 대국으로 이어진 점이 특색이다.

우승 상금은 중국 돈 220만 위안(한화 약 3억 9,000만 원)으로 한국의 LG배나 삼성화재배(3억 원)보다 많다. 한국에서는 규정에 따라 세계대회 타이틀 홀더 강동윤(LG배)과 랭킹 1위 박정환이 자동 출전하고 국가대표 상비군에서 신진서가 선발됐다. 그 외의 기사들은 중국에서 열리는 통합 예선을 뚫어야만 본선에 오를 수 있었다.

이와 더불어 최근 중국에서는 세계대회 창설이 줄을 잇고 있다. 현재 중국 주최 세계대회는 궁륭산병성배, 마인드게임즈, 백령배, 몽백합배, 이민배, 춘란배, 황룡사배, 화정차업배 등 열거하기에도 숨찰 정도로 많아졌다. 세계대회 창설 붐은 모두 알파고 때문이라는 해석이 나왔다.

신비의 3가지 정보

바둑에서는 '알아야 이긴다'는 것이 필승 비결의 핵심이라고 말한다. 이 원리는 바둑뿐만 아니라 모든 게임에서 적용되는 너무나 간단하고 분명한 진리이다.

이세돌 9단을 제치고 승리를 거둔 구글의 인공지능 프로그램 알파고에 대해 많은 사람이 가장 궁금하게 여긴 것은 '알파고의 실력은 정확히 말해 어느 정도일까?'라는 것이다. 빼어난 수읽기 능력에 변칙 수를 통한 자신만의 비법도 있을 것 같다고 궁금하게 여겼다.

알파고가 5개월 동안 아무도 모르게 엄청난 속도로 발전했거나, 아니면 상대에 따라 이길 수 있는 정도의 실력만 숨겨 놓았는지도 몰랐기 때문이다. 알파고 학습의 비밀 원리는 대략 3가지 측면으로 정리가 되고 있다.

첫째는 탐색의 폭을 줄인다. 알파고가 기존의 체스 인공지능과 가장 다른 점은 모든 경우의 수를 무작위로 따지지 않는다는 점이다. 이세돌 9단도 기자회견에서 알파고의 알고리즘에 대한 설명을 들은 뒤 "알파고가 생각하는 경우의 수가 예상보다 적어서 놀랐다. 그래서 위험할 수도 있겠다는 생각이 든다."라고 말했다.

알파고가 우주의 원자 수보다 많다는 바둑판의 묘수를 모두 따지지 않아도 된다는 것인지 모른다. 그런 가정은 '정책망'과 '신경망'을 통해 학습하였기 때문이다. 구글 딥마인드 측은 알파고가 16만 개의 기보를 불과 5주 만에 학습했다고 밝혔다.

프로 기사가 1년에 1,000번 정도 대국한다고 할 때 사람이 10년에 걸쳐 학습할 수 있는 어마어마한 데이터를 불과 5주 만에 외워 버린다고? 이와 같은 방대한 기보 학습을 토대로 특정 상황에서 프로 기사들이 많이 두는 수를 추려낸 셈이다. 특정 상황에 대한 바둑판을 지도처럼 입력시키면 나름대로 바둑돌을 놓을 자리를 결정하게 되는데, 그곳을 결정하기 위해서는 형세를 판단하는 일이 필요하다. 여기에 가치망이 동원되는 것이다. 사람들이 많이 두는 수와 승률이 높은 것과는 다르게 가치망이 최종적으로 높은 승률의 자리를 판단해 주는 것이다.

두 번째는 강화 학습으로 탄생한 비법이다.

알파고가 무서운 것은 단지 모방에 그치지 않기 때문이다. 가끔 프로바둑 해설자들도 놀랄만한 변칙 수를 두었다. 아마추어 기사였다면 핀잔을 듣고 말았겠지만, 알파고에게는 모두 계산된 수였다. 알파고만의 비법은 이른바 '강화 학습'을 통해서 탄생했을 가능성이 높다는 것이다. 알파고는 학습으로 구현된 또 다른 정책망과 자체 대결을 벌인다. 약 1만 번 정도 대결한 뒤 승률이 가장 높은 쪽으로 스스로 업데이트하는데 1만 번씩 128회, 총 128만 번의 자체 대결을 거쳤으니 상상을 초월하는 연습이다. 이러한 과정을 통해 이길 확률이 높아지도록 가중치를 부여해 기존의 패턴과 다른 알파고만의 비법이 탄생한 것이다.

셋째는 구글의 엄청난 지원이다. 이세돌 9단과 대국하는 데 사용한 분산 알파고에는 1,202개의 중앙처리장치 컴퓨터와 176개의 그래픽 처리장치가 동원되었다. 컴퓨터 1대당 1초에 1,000회 이상 시뮬레이션을 걸었다. 아무리 좋은 아이디어를 가지고 있더라도 이 정도의 컴퓨팅 자원이 뒷받침되지 않았다면 알파고는 탄생할 수 없었다는 이야기이다.

바둑 인공지능 프로그램에 이 정도를 투자할 수 있는 기업은 전 세계적으로도 손에 꼽을 정도이다. 게임이 아니라 현실적 문제를 해결하는 연구 개발을 위해서라도 고성능 컴퓨팅 환경 조성과 공동 활용을 위한 국가 차원의 지원이 필요하다는 분석이다.

주의할 점은 신경망은 프로그램이 되지 않는다는 것이다. 신경망은 예시된 프로그램을 통하여 학습한다. 흔히 신경망은 학습할 수 있는 여러 예상 문제들을 바탕으로 훈련한다. 가장 잘 쓰이는 훈련 시나리오는 지도 학습이다. 이는 통상 입력 패턴과 그에 대한 목표 출력으로 이루어진다. 일반적으로 훈련 예상 문제들의 집합은 내부적인 변수들이 점차로 조정될 수 있도록 여러 번 반복하여 제공되고 있다. 예상 문제를 통해 학습하는 신경망은 프로그램 컴퓨터 시스템을 만들 수 있는 잠재력이 있다. 이 점이 바로 프로그램에 의해서만 작동되는 전통적인 컴퓨터와는 아주 다른 점이다. 컴퓨터 프로그램은 프로그래머에 의해 미리 정해진 순서를 따라 수행되는 데 비하여 신경망은 입력값과 출력값이 주어지면 원하는 결과를 나타내도록 학습하는 과정이다.

알파고와 인간의 능력

알파고의 인공지능 시스템은 다른 컴퓨터 바둑 프로그램에 대해서는 매우 강력하다. 알파고는 2015년 10월 유럽 바둑 챔피언인 프로 기사 판후이 2단과의 5번기에서 5대0으로 완승을 거두었다.

이는 분산 버전의 알파고 컴퓨터 프로그램이 19×19 바둑판 위의 대국에서 프로 기사를 이긴 최초의 경기로 기록되었다.

대국은 제한 시간 1시간, 초읽기 30초 3회, 7집 반 덤 중국 규칙을 적용하며 진행되었다. 그 뒤 2016년 3월, 분산 버전의 알파고가 세계 최고의 고수인 이세돌 9단과 5번기 대국에서 4대1로 이겼다. 이 대국은 전 세계로 생중계되면서, 인공지능 알파고 시대가 활짝 열렸음을 보여주었고 동시에 인공지능이 인간을 제칠 수 있다는 자신감을 드러난 엄청난 사건으로 국제사회에 큰 반향을 불러일으켰다.

알파고가 치밀하고 정교한 수 읽기와 정확한 계산 능력에서는 사람보다 훨씬 앞서 있다. 다만, 사람처럼 생각하고 어떤 돌발적인 일에 대한 대처 능력이 떨어진다는 결함이 있을 뿐이다. 알파고의 신경망은 스스로 바둑을 두며 학습하도록 되어 있기 때문에 지식의 공백이 있을 수밖에 없다는 한계점을 보여 주었다. 이세돌 9단이 대국을 통해 그런 과정과 한계를 알 수 있게 되었다는 것은 큰 성과로 꼽혔다.

알파고는 상대하는 응수 능력이나 사석 작전 같은 인간적인 전략을 능수능란하게 구사하면서 인공지능이 마치 사람과 같다는 것도 보여 주었다. 이런 평가는 경기 심판을 맡았던 사람과 해설자들이 말한 사실이다. 프로그램의 방식이 보수적이기는 했으나, 새로운 기풍으로 바둑계를 흔들어 놓으면서 깜짝 놀라게 만들었다.

지금까지는 기계, 곧 인공지능이 바둑을 두는 것은 머신 러닝에서 어려운 문제로 여겨져 왔으나 알파고가 인공지능 연구의 새로운 자극과 변화의 바람을 몰고 오면서, 인류를 강타한 것이다.

대부분의 전문가들은 알파고와 같은 강력한 바둑 프로그램은 최소한 5년 후에나 가능할 것으로 여겼으며, 몇몇 전문가는 컴퓨터가 바둑 챔피언을 이기려면 최소한 10년은 더 있어야 한다고 생각했었다.

그러나 2016년 3월에 개최된 알파고와 이세돌 9단의 대결은 인공지능 연구에 있어 획기적인 사건으로 기록되고 있다. 그런 까닭은 대국 전에 대부분의 참관인들은 이세돌 9단이 알파고를 이길 것으로 기대하였다.

하지만 5차례의 대국에서 알파고는 이세돌 9단을 초반 3판을 간단하게 이기고 4국만 내준 뒤 4대1로 가볍게 이겼기 때문이다. 더구나 알파고의 근원적인 알고리즘은 보다 다목적인 잠재성이 있으며, 과학계가 인공 일반 지능으로 진전하고 있다는 것을 분명하게 보여주었다. 일부 해설자들은 알파고의 승리는 사회에 있어 인공 일반 지능을 지닌 기계가 가져올 수 있는 미래의 충격에 대하여 대비하지 않으면 안 된다는 자극을 준 좋은 기회라고 평가하고 있다. 알파고의 인공지능 체계성은 예상한 것보다 훨씬 빠르게 진행되고 있으며, 장기적인 성과에 대한 문제를 더욱 긴급하게 하고 있다는 것도 보여주었다.

갈수록 강력해지는 인공지능 체계가 완전히 인간의 통제로부터 벗어나고 있다는 현실을 보장하기 위해서 과학자들이 할 일이 더 많아진 것이다.

스티븐 호킹과 같은 일부 학자들은 미래의 자기 개량적인 인공지능이 사실상의 일반 지능을 앞지르면서 인공지능이 지구를 장악할 수 있다고 경고했다. 아직까지는 이런 진보적인 주장에 동의하지 않는 학자들이 더 많은 것도 사실이다. 상식과 같은 것들은 영원히 복제할 수 없을 것이라는 점에서 그렇다는 것이다.

그러나 미리 겁부터 먹을 것이 아니라 인류의 건강이나 우주탐험 같은 여러 분야에서 인공지능이 할 역할과 기능에 대해 매우 밝은 희망을 높여주고 있다는 것만은 분명히 하고 있다. 컴퓨터 과학자들은 사람들이 두려워해야 한다고 생각하지 않지만, 사람들은 인공지능에 대해 주의해야만 한다고 보고 있다.

많은 바둑 기사들은 알파고의 정통적이지 않은 바둑에 대해 처음에는 어리둥절하였지만 알파고의 비밀을 어느 정도 알고 나면서 알파고의 인공지능 능력과 한계를 볼 수 있었다.

대국 전에 이세돌 9단이 "질 수도 있다. 바둑의 아름다움, 인간의 아름다움을 컴퓨터가 이해하고 두는 게 아니므로 바둑의 가치는 계속될 것."이라 말하고, 대국을 마친 뒤에는 "알파고의 능력을 오판한 것이 많았다. 분명 약점이 있는 것 같다. 아직 정말 인간에게 메시지를 던질 수 있는 실력은 아니다. 무엇과도 바꿀 수 없는 가치 있는 승리."라고 밝힌 것도 그런 맥락이다.

묘수에 허둥거린 알파고

알파고는 여전히 인공지능이다. 백보다 흑을 힘들어한다. 선수를 두기보다 선수에 반응하는 것을 좋아한다. 미처 생각하지 못한 수가 나왔을 때는 허둥거렸다. 이는 기존에 입력되지 않은 수를 두었을 때

마땅한 대응수를 찾지 못했다는 것을 의미한다. 완벽한 인공지능이었다면 이세돌과의 대국에서 단 한 경기도 내주지 않아야 했다. 구글 딥마인드가 4국에서의 알파고 패배를 '소중하다'고 한 것도 이 같은 맥락에서다.

인공지능은 이제 시작 단계다. 인간의 두뇌를 따라잡기에는 아직 갈 길이 멀다. 따라서 인공지능은 윤리적 측면과 기술적 측면에서 해결해야 할 과제들이 많다는 이야기이다. 빅데이터를 이용한 인공지능으로 최근 일본 구마모토 지진을 예측할 수 있었다고 가정하면 피해를 크게 줄였을 지도 모른다. 그러나 그런 일은 이루어지지 않았다.

인간은 비록 뇌용량은 제한적이지만 합리적으로 판단하도록 진화했다. 인간이 위대한 것은 '생각 곧 사유하는 갈대'라는 것 때문이다. 인공지능은 머지않은 미래에 인류의 조력자가 될 것만은 분명하다고 본다. 그런 까닭은 인공지능이 인류 두뇌의 확장이자 지성의 도약이기 때문이다. 인공지능의 발달과 진화는 미증유의 고도화된 신문명을 이끌어낼 것이다.

'세기의 대결'은 인공지능의 가능성과 함께 한계성도 보여준 새로운 도전이었다. 세기의 대결이라 불린 컴퓨터와 인간의 바둑 대결이 끝났지만, 컴퓨터 프로그램 알파고의 진화는 계속될 것이다. 당초 인간이 압승할 것이라는 예상과는 달리 알파고는 막강한 위력을 거침없이 드러냈다. 직관의 영역으로 꼽히는 바둑에서조차 인공지능의 계산 능력은 엄청난 위력과 놀라운 초능력을 발산하면서 빛났다.

하지만 인공지능에도 한계가 있음을 분명하게 드러냈다. 이세돌 9단의 신의 한 수에 실수를 남발하는 모습들도 잇달아 연출하였다. 이해할 수 없는 수들도 경기마다 반복되곤 했다. 이는 인공지능이 아직

넘어야 할 산이 높고 건너야 할 물이 깊다는 점을 보여준 대목이다. 다만, 알파고가 이세돌 9단을 상대로 4대1의 승리를 거두면서 인공지능 기술 발전에 있어 한 단계 장벽을 돌파했다는 평가가 나왔다.

특히 눈길을 끄는 것은 인공지능의 기술이 바둑에만 적용될 수 있는 기술이 아니라는 점이다. 바둑은 알파고의 인공지능 성능을 시험하는 하나의 시험대였다. 대국이 진행되는 동안 아직 알파고가 완벽하지 않다는 사실이 여러 번 노출된 것이다. 특히 이세돌 9단이 이긴 4국의 경우 신의 한 수에 실수를 남발하는 모습을 보이며 갈팡질팡했다. 이 같은 실수는 1~5국에서도 반복됐다. 통계, 확률 분포 등의 분석에서는 특출한 성능을 보였다.

구글 딥마인드는 "이 경기를 열게 된 이유로 알파고의 약점을 찾기 위해서였고, 그 상대로 이세돌 9단을 선택한 이유도 천재적인 기사와 맞붙어야 알파고의 약점을 더욱 잘 찾을 수 있기 때문이었다."라고 밝혔다. 데미스 하사비스 구글 딥마인드 CEO는 "알파고를 개선하기 위해서는 이세돌 9단과 같은 창의적 천재가 필요했다. 무엇이 문제인지 알 수 있고 이를 노출시킬 수 있기 때문"이라고 털어놓은 것도 그런 맥락이다.

인공지능의 프로그램

알파고AlphaGo라는 이름은 구글의 지주회사 이름인 알파벳과 그리스 문자의 첫 번째 글자로 최고를 의미하는 '알파α'와 바둑의 일본어 단어 발음에서 유래한 영어의 '고Go'를 붙여 만든 합성어이다.

딥마인드가 2014년 구글에 인수되면서 본격적인 개발에 착수한 알파고는 완성 단계가 아니라, 현재 개발이 진행 중인 프로그램이다. 데이비 하사비스와 구글은 알파고 알고리즘을 활용해 기후 변화 예측, 질병 진단 및 건강 관리, 무인 자율 주행 자동차, 스마트폰 개인 비서 등 미래의 핵심적 서비스 사업에 적용한다는 계획에 따라 계속하여 개발을 진행하고 있다.

1997년 IBM의 컴퓨터 딥 블루가 세계 체스 챔피언 가리 카스파로프를 이긴 뒤 20년 세월이 흐른 뒤에 인공지능 기술을 사용한 가장 강한 바둑 프로그램을 만들어 인간 아마추어 기사 5단의 수준에 도달하는 것으로 개발하였다. 그러나 여전히 핸디캡 없이 프로바둑 기사를 이기지는 못해 더욱 개발에 정성을 쏟았다.

2012년 4대의 컴퓨터 시스템 클러스터로 운용되는 프로그램 젠Zen을 개발하여 프로 기사 다케미야 마사키 9단과의 4점 접바둑으로 5전 2승을 거두었고, 프랑스에서 개발된 크레이지 스톤은 2013년 이시다 요시오 9단과의 4점 접바둑에서 승리로 이끌었다.

이런 과정을 거쳐 나온 알파고는 예전에 선보였던 바둑 프로그램보다 놀라운 발전을 이룬 것이다. 알파고는 단일 컴퓨터로 작동되는 단일 버전과 네트워크에 연결된 여러 대의 컴퓨터를 사용하는 분산 버전 두 가지가 있다. 단일 버전의 알파고는 크레이지 스톤과 젠을 포함한 다른 바둑 프로그램과 500번의 대국 실험을 거쳤는데, 499승 1패로서, 한 번을 제외하고는 모두 이기는 놀라움을 보여주었다. 비슷한 조건에서 여러 대의 컴퓨터로 작동하는 알파고는 다른 바둑 프로그램과의 500번의 대국에서 모두 이겼다. 단일 버전과 분산 버전이 대국을 할 경우 분산 버전의 승률이 75%로 더 뛰어난 것으로 알려져 있다. 알고리즘은 머신 러닝과 트리 순회 기술을 조합, 인간과 컴퓨터 모두와의 대규모의 연습과 결합한다. 이 알고리즘은 심층 신경망 기술로 구현한 가치 네트워크와 정책 네트워크에 인도되는 몬테카를로 트리 순회를 사용하는 기법인데, 한정된 양의 게임 전용 특징 탐지 전처리로 신경망 입력을 만들어 낸 것으로 새로운 기술 혁명이라고 일컫는다.

알파고는 처음에는 3,000만 수 정도의 데이터베이스를 사용하여, 기록된 역사적인 게임으로부터 바둑 기사의 움직임을 연결하는 것을 시도해 인간의 바둑 두기를 흉내 내도록 훈련시켰다. 알파고가 어느 정도 숙달되자, 강화 학습을 통하여 또 다른 알파고와 많은 대국을 하게 하는 방식으로 훈련을 거듭하며 경기력을 향상시켰다.

프로바둑 기사와의 대국은 2015년 10월 알파고 버전 12와 프로 기사 판후이 2단과의 대국인데, 제한 시간 1시간, 초읽기 30초 3회, 7집반 덤의 중국 규칙을 적용하며 진행한 5번기에서 흑을 둔 알파고가 백을 쥔 판후이에 5대0으로 모두 이겼다.

이에 자신감을 얻은 구글은 대한민국의 프로 기사 이세돌 9단과 대국을 성사시켜 2016년 3월 9일부터 15일까지 서울 포시즌스호텔에서 구글 딥마인드 챌린지 매치를 개최한 것이다. 대국은 5전 3선승제로 하였지만, 보통 일반 기전과 달리 승패에 상관없이 5국까지 모두 진행하는 것으로 정하였다. 인간과 인공지능의 바둑 대결은 문화와 과학의 대결로 이어지면서 유튜브를 통해 전 세계에 생중계되었으며, 한국어와 영어로 공식 해설이 제공되었다. 이로써 역사적인 세기의 대결로 주목받으면서 수많은 화제를 불러일으켰다.

구글의 연구 개발자이자 아마추어 6단인 아자 황이 알파고 대신 바둑판에 돌을 놓고, 이세돌 9단이 두는 수를 컴퓨터에 입력하는 방식으로 진행되었다. 중국 규칙을 따라 7점 반의 덤을 적용하여 공제하며, 제한 시간 2시간씩, 초읽기는 60초씩 3회가 주어졌다.

알파고는 치밀하고 정교한 수읽기와 정확한 집 계산 능력을 앞세워 1~3국을 연속으로 승리하여 우승을 확정지었다. 그러나 5국까지 간다는 조건에 따라 대국은 계속되었다.

이번 대국에서 재미있는 결과가 나왔다. 이세돌 9단은 4국에서 승리한 후 기자회견에서 이렇게 지적했다.

"알파고가 노출시킨 약점은 두 가지다. 첫 번째 알파고는 백보다 흑을 힘들어했다. 두 번째는 자기가 생각하지 못했던 수가 나오면 버그 형태로 몇 수를 진행하는 것을 보았다. 알파고는 생각 못했을 경우 대처 능력이 떨어진다."

그러나 데이비 하사비스 최고경영자는 다른 말을 했다.

"신경망은 스스로 바둑을 두며 학습하도록 돼 있기 때문에 지식의 공백이 있을 수밖에 없다. 이세돌 9단과의 대국을 통해 이런 한계를 알 수 있었다. 패배를 통해 알파고의 한계를 알게 된 것이 이번 대회에서 거둔 큰 성과이다."

바둑계에서는 알파고가 응수 타진이나 사석 작전 같은 인간적인 전략을 능수능란하게 보여 주었다. 판후이 2단과의 대국에서는 알파고가 사람 같았지만, 프로그램의 방식은 '보수적'이라는 지적을 받았다. 그러나 이세돌 9단과의 대국에서는 새로운 기풍으로 바둑계를 놀라게 했던 것과 비슷한 느낌이다. 계산의 귀재로 불렸던 이창호 9단의 전성기와 닮았다는 평가가 나왔다.

알파고와 판후이의 경기 이후 미래에는 바둑 참가자들이 대국에서 무엇을 잘못했는지를 알고, 기량을 향상시키기 위해 컴퓨터에 조언을 요구하고 컴퓨터가 일러주는 것을 학습해야 될 것이라 추측하였다.

2016년 3월 대국에서는 전 세계적으로 수백만 명이 관람하고 그 내용과 결과를 분석하였다. 많은 바둑 기사들은 알파고의 정통적이지 않은 바둑을 처음에는 관람자들을 어리둥절하게 만들지만 다 알고 나면 이치에 맞는 바둑을 둘 것이라고 내다보았다. 알파고는 인공지능으로서 최초로 핸디캡 없이 프로 기사에 이긴 2015년 10월의 경기와 2016년 3월의 경기를 비교할 때 예상 외로 강해진 모습을 보여준 것만은 사실이다.

중국 바둑의 1위이자 세계 랭킹 1위인 커제는 "처음에는 알파고와 대국하여 이길 수 있다."라고 주장하였으나, 3국까지의 결과를 분석한 후 "질 가능성이 크다."라고 보았다. 하지만 이세돌은 보란 듯이 알파고에 승리를 거두었다. 커제의 예상은 완전 빗나갔다.

과학계에서는 알파고가 바둑을 두는 것은 어려운 문제로 평가되어 왔기에 알파고를 인공지능 연구의 성장으로 보고 있다. 대부분의 전문가들은 알파고와 같은 강력한 바둑 프로그램은 최소한 5년 후에나 가능할 것으로 생각했다. 일부 전문가는 인공지능의 컴퓨터가 입신 경지에 든 인간 바둑 챔피언을 이기려면 최소한 10년은 더 있어야 한다고 생각하고 있었다.

2016년 3월 개최된 알파고와 이세돌의 대결은 인공지능 연구에 있어 획기적인 사건이었다. 대국 전에 대부분의 참관인들은 이세돌이 알파고를 이길 것으로 기대하였기 때문이다. 하지만 5차례의 대국에서 알파고가 예상을 뒤엎고 이세돌을 4대1로 이기면서 새로운 문제점이 불거진 것이다. 체스와 함께 바둑에서도 컴퓨터가 사람을 이기면서 기존의 방식으로 인기 보드 게임에서 이기는 것은 더 이상 인공 지능의 중대 사건이 아니라는 것을 보여준 셈이다. 일부 해설자들은 알파고의 승리는 사회에 있어 인공지능을 지닌 기계가 가져올 수 있는 미래의 충격에 대한 대비의 논의를 시작하는 좋은 기회를 제공하였다고 평가한다.

치밀한 작전의 세계

스타 기사들, 특히 승부사로 꼽히는 기사들은 대국에서 이긴 날도 그날 두었던 바둑이 이상하다는 생각이 들면 밤새워 복기를 하는 습성이 있다. 승부사 이세돌이 바로 그런 사람 가운데 한 명이다. 그의 '바둑 인생'은 천재 소년 기사, 개성 넘치고 자유분방한 근성, 스승 집에서 몰래 술 훔쳐 먹기도 한 괴짜, 12세 어린 나이에 프로 입단한 뒤 실어증에 걸려 헤매는 등 일화가 많다.

"자신 없어요, 질 자신이⋯⋯"라는 명언을 남겨 유명해진 그가 2013년 기러기 아빠가 된 뒤 슬럼프에 빠지자 바둑계에서는 "세돌이 시대는 갔다."라는 말이 나돌았다. 그런 말을 들은 그가 알파고와의 대국을 통해 '국민돌'이 된 것은 참으로 불가사의한 일이다.

천부적 재능 속에 반항적 기질이 무척 강한 이세돌의 바둑 인생은 예측 못할 '변칙 수의 삶'이라는 말밖에 달리 표현할 말이 없다.

이세돌의 바둑 인생은 한마디로 2002년 '승단대회 불합리', 2009년 '기보 저작권료 권리 미흡', '휴직계 제출', '잠적 파문' 등을 이어가면서도 '반상 복귀 후 거침없는 상승세'의 괴력을 보이고 알파고와의 대국에서 지구촌 인류들에게 감동을 안겨주면서 열광시키는 큰 줄기를 이루었다는 것이다.

인공지능 알파고와 '세기의 대국'을 펼치며 전 세계적 이목을 집중시킨 프로 기사 이세돌 9단에게 '괴짜, 마왕, 왕따, 쎈돌, 야생마, 풍운아' 등등의 여러 별명이 주렁주렁 달라붙었다. 하나 같이 예사롭지 않은 애칭들로 바둑 인생에서의 굴곡이 많았던 그의 삶을 압축하는 말들이다. 바둑 정석에도 없고 기보에도 없는 '덜컥 수'를 거침없이 놓아 보는 사람들을 당황하게 했던 알파고처럼 이세돌 9단도 예측할 수 없는 '변칙 수'의 묘수를 과감하게 펼쳤다. 바둑계의 귀여운 반항아 '쎈돌'에서 한층 성숙해진 '국민돌'로 우뚝 서면서 '월드 스타'가 된 이세돌 9단의 바둑판 기보를 그가 두었던 그대로 다시 놓으면서 바둑의 묘수를 점검해 보는 복기 교육이 유행하고 있다. 철저하게 따라 하기 반복 학습인 것이다.

어릴 적에 이세돌은 흥겨운 막춤을 곧잘 추었다. 그런 막춤은 농사에 지친 섬마을 사람들에게는 언제나 박장대소를 터뜨리게 하는 선물이 되곤 했다. 그는 2012년 1월 펴낸 바둑 책 《판을 엎어라》의 첫 작은 제목을 '내가 알아야 할 모든 것은 아버지에게 배웠다'고 붙였다. 그만큼 아버지는 그의 바둑 인생에서 절대적인 존재였다.

이세돌 집안은 바둑 가족으로 유명하다. 아들딸을 모두 바둑인으로 만든 아버지(故 이수오)는 아마 5단, 큰형 이상훈 9단은 현재 프로바둑리그 신안천일염팀의 감독이고, 이화여대의 바둑 전설로 불린 둘째 누나 이세나는 아마 6단으로 《월간바둑》편집장이다. 그리고 이세돌은 9단이다. 5남매 중 3명이 바둑을 직업으로 삼고 있는 것이다. 바둑계에 있지는 않지만 작은형 이차돌은 아마 5단 실력을 갖추고 있다. 5남매 중 바둑이 가장 약한 큰누나 이상희 씨도 아마 2단이다.

가족들의 아마 프로 단수를 모두 합하면 36단이 된다.

이세돌 9단의 어머니 박양례 씨는 바둑을 두지 못한다. 하지만 프로 기사 된 두 아들의 승부를 지켜보며 가슴 죈 날이 많아 관전은 '프로 9단급'이다. 대국자들의 얼굴만 보고도 유리한 것과 불리한 것을 단박에 알아챈다고 한다.

이세돌이 바둑의 길로 계속 정진하게 된 데는 필연적인 사연이 있다. 바둑을 시작한 지 2년째 접어든 어느 날 아버지와 대국을 하였다. 그때 아버지가 일곱 살인 막내아들에게 지고 말았다. 이때부터 아버지는 막내의 후원자로 적극 나섰다. 실력을 키우는 데는 무엇보다 실전이 중요하다고 생각한 아버지는 가난한 살림에도 빚을 내 초등학교 1학년 때부터 어린 아들을 전국 어린이 바둑대회에 내 보냈다. 주변 사람들은 '공연히 돈만 버린다'며 말렸다. 그러나 아버지의 신념은 조금도 흔들림이 없었다. 그런 아버지의 열성에 힘입어 어린 나이에 외딴 섬에서 《기경중묘》, 《현현기경》, 《발양론》 같은 어려운 바둑의 고전을 읽으면서 기력을 키워 나갔다.

"아버지의 굳은 의지가 없었다면 내 바둑은 비금 섬에서 일찌감치 한낱 취미쯤으로 끝났을 것이다."

그의 말처럼 바둑 인생은 아버지로부터 시작되고 이루어졌다. 가족의 바둑 울타리를 지어준 것도 아버지였다.

화제…… '바둑 소녀'
외국 13개 명문대학에 동시 합격

"바둑을 통해서 지혜를 얻고 신중함을 키웠다. 그 지혜와 신중함이 공부의 밑바탕 되었다."라는 아마 기사 이수정은 외국 명문대학 13

곳에 동시 합격한 '바둑 소녀'이다. 용인 한국외국어대학 부설고교를 졸업한 여학생 이수정은 컬럼비아대학·펜실베이니아대학·코넬대학을 포함하여 듀크대학·노스웨스턴대학·카네기멜런대학·미시간대학 등 외국 명문대학교 13곳에 동시 합격하는 영광을 차지했다.

그는 〈조선에듀〉와의 인터뷰에서 이렇게 밝혔다.

"나의 합격 비결은 바둑"이라고 단호하게 말했다. 8세 때부터 지금까지 자신의 생활에 가장 큰 영향을 준 바둑이 대학 입시에도 큰 도움이 되었다는 이야기이다.

고교 1학년 때 국가대표로 유럽 바둑선수권대회에 출전했고, 이듬해 세계청소년바둑대회에서 6위를 차지했다. 고교 3학년 때인 지난해 한국기원 공인 아마 4단에 올랐다. 이수정의 이러한 활동은 입학원서를 제출한 모든 대학교마다 주요 이슈가 되었다.

이수정은 "외국에서는 보기 드문 활동이라 입학 사정관 눈에 띄었을 수도 있지만, 바둑을 통해 삶의 지혜를 얻은 경험을 잘 풀어낸 것이 더 큰 요인 같다."라고 분석하면서 이렇게 말했다.

"처음 바둑을 둘 때는 상대가 돌을 놓자마자 1초도 안 돼 맞받아 돌을 놓았다. 그런데 바둑에서는 한 번 돌을 놓은 다음에는 되돌릴 수 없다. 그렇게 성급하게 놓은 돌이 결국 화근이 되는 일이 많았다. 나중에는 모든 행동에 신중을 기하기 시작했다. 어떤 일이든 계획을 세우는 습관이 생겼고 차분하게 대처해야 한다는 지혜를 얻었다. 대국 한 판에 3시간이 걸리는 경우도 있었다. 초등학교 때부터 오랜 시간 동안 진득하게 앉아 집중하는 훈련을 쌓은 것도 귀한 경험이었다."

이수정은 바둑이 공부에 도움이 되었다는 사실을 구체적으로 설명했다.

"학교 교과목 중에서 수학·과학에 특히 도움이 됐다. 바둑을 알기 전에는 수학이나 과학적 감각이 영 좋지 않았다. 바둑을 시작하면서 몇 수 앞을 미리 상상하는 연습을 거듭하는 과정에서 공간 지각력과 수리력이 발달하고 있다는 걸 스스로 느낄 수 있었다. 싫어했던 수학과 과학 과목이 좋아졌고 실제로 성적도 올라갔다. 대학교에서는 공과대학 계열로 진학하여 응용수학이나 화학생물공학을 전공하려고 한다. 바둑이 아니었다면 이런 적성을 발견하기 어려웠을 것이다."

그는 바둑 실력 외에도 합격 요소가 많은 것으로 알려졌다. 융합형 인재라는 점이다. 어릴 적부터 책을 좋아해 초등학교 때 학교 도서관에 있던 3,000여 권의 도서를 거의 다 읽은 독서왕이었다. 교육청 소속 창작영재원에서 5년간 꾸준히 다양한 글쓰기 수업을 받았다. 초등학교 때부터 고급 영어를 구사하고 싶다는 욕망이 강했다. 영어단어 책은 눈에 띄는 대로 구입하여 들고 다니며 틈날 때마다 외우는데 주력했다.

이수정

바둑으로 닦은 학구열은 수학·과학대회에서도 뛰어난 성적으로 이어졌다. 하버드-MIT 수학대회 2015년 개인 33위, 국제환경탐구 올림피아드 한국 1위, 국제표준 올림피아드 우수상, 국제환경공학 응용학회 최우수 논문상에다가, '탄성포장재 조성물' 특허 출원 등록 등 여러 기록도 갖고 있다.

지금은 인공지능 시대

바둑 평론가들은 인공지능 알파고와 바둑기사 이세돌 9단의 역사적인 5국 대결이 모두 끝난 뒤에 '최후의 대국까지 멋진 승부'였다고 평가했다.

3연패를 한 이세돌 9단은 4국 승리에 자신감을 얻고 제5국에서 자신의 바둑 기풍대로 대국을 펼쳐 초반에는 승기를 잡았지만, 인공지능 알파고의 치밀한 수 읽기와 강한 끝내기 앞에 무릎을 꿇었다. 이번 세기의 대국은 정보기술 분야뿐만 아니라 첨단산업 분야까지 전세계의 이목을 집중시켰다. 결과적으로는 4승 1패로 알파고가 이겼지만, 4국에서 보여준 이세돌의 승리와 5국의 치열한 공방전은 인간의 인공지능 알파고가 절대 완벽하지 않다는 것을 보여 주었다.

바둑 TV에서 해설을 맡았던 유창혁 9단은 "알파고의 바둑 실력이 상당하다는 것은 인정하지 않을 수 없다. 하지만 '바둑을 넘어섰다', '대단한 경지에 이르렀다'고 하는 것은 문제가 있다. 이제 알파고의 모든 정보를 공개한 이후, 같은 조건에서 승부를 겨루는 대국이 펼쳐지기를 기대한다."라고 말했다.

바둑은 인간이 만든 여러 경기 가운데서도 유독 두뇌를 가장 많이 사용하는 경기라는 평을 받는다. 이번 세기의 대결 전에 대다수가 체스 경기나 퀴즈 대결 등에서는 오래전에 인공지능이 인간을 이미 능가했지만, 바둑만큼은 쉽게 능가하지 못할 것이라고 예상하였는데, 그것이 조금 빗나갔다. 인간 최고수와의 바둑 승부에서 승리를 차지한 알파고는 바둑에서 인간을 이긴 최초의 인공지능으로 정보기술 역사에 이름을 남기게 되었다.

마지막 5국에서 이세돌 9단은 280수 만에 불계패하였다. 그렇다고 알파고도 완벽하지는 않았다. 놀라운 성능을 지닌 알파고에게 불굴의 바둑 스타 이세돌 모습을 보여 주었고, 인간의 승리를 다시 확인한 것이다.

구글이 이세돌을 상대로 지목

본래 바둑은 중국에서 시작된 게임이지만, 그럼에도 불구하고 바둑 세계 챔피언은 한국 기사라는 말이 널리 회자되고 있다.

구글이 알파고의 대국 상대로 한국의 이세돌을 지목한 것에 대해서도 사실 중국 입장에서는 은근히 자존심이 상할 수밖에 없는 일이었다. 중국에도 바둑을 잘하는 내로라하는 유명한 기사들이 많고 현재 세계 랭킹 1위로 중국의 자존심이라는 커제도 있다. 그렇다면 왜 중국 기사들은 알파고의 대국 상대로 인정을 받지 못한 것일까?

한국과 중국 기사들의 차이점은 '세대를 평정할 정도의 천재가 어느 나라에 있는가?'라는 것이었다.

한국에서는 신의 경지라는 입신 9단의 기사들로 이창호, 이세돌, 박정환 등 여러 명이 나타나기까지 오랜 세월 챔피언십을 길러 왔다. 그런 점에 비해 중국 바둑에서는 오랜 기간 챔피언십을 길러 온 기사가 거의 없었다는 객관적인 평가를 받고 있다는 이유에서다. 일종의 춘추전국시대가 중국 바둑계에도 깊게 드리워져 있다는 느낌을 받은 셈이다. 그나마도 인정하는 선수가 바로 유명한 구리 9단 정도이다. 따라서 현재 세계 랭킹 1위인 커제도 그의 바둑 인생의 앞날이 그렇게 밝지 못하다는 인상을 구글에서 가졌는지 모른다. 다시 말하면 커제의 바둑 세계가 언제 막을 내릴지 모른다는 계산을 한 것이 아닐까?

한국 바둑계의 1인자 계보는 한국 바둑을 이끈 천재 기사들로 그 맥이 탄탄하다는 평을 받는다. 그러니까 한국 바둑계는 중국 바둑계처럼 춘추전국시대가 없다는 말이다. 1인자들은 마치 서로를 알아보고 존경하기라도 한 듯, 다음 세대의 바둑왕이 나타날 때까지 굳건히 왕위를 지키고 있다가 오직 왕이 될 인물에게만 그 자리를 물려주었다는 이야기와도 같다.

영화 속의 미래 세상

지금 지구촌에서는 인공지능 시대가 불현듯 우리 곁으로 찾아오면서 인공지능을 가진 로봇이 주인공으로 등장하는 영화가 많아지고 있다. 영화 속에서 보여주는 인공지능의 미래는 어떤 것일까? 대부분의 영화는 인간을 지배하려는 인공지능의 모습을 그려내고 있다.

영화 속에서 인간과 로봇은 처참한 전쟁을 벌인다. 2199년 인공지능이 세상을 지배하고, 인간은 그들의 생명을 연장하기 위한 건전지로 전락한다. 인간이 보고, 느끼는 모든 것은 인공지능에 의해 시시콜콜 통제를 당한다. 인간과 인공지능이 평화롭게 공존하는 모습도 그려낸다.

영화 〈빅 히어로〉 속의 로봇, 베이맥스는 푹신푹신해 보이는 외모만큼 넉넉한 마음으로 사람들을 위로해 준다. 한 발 더 나아가 인간과 인공지능이 특별한 감정을 쌓기도 한다. 외롭고 공허한 나날을 보내던 남자 주인공의 삶에 한 줄기 구원의 빛이 찾아오는데 바로 인공지능 휴대전화의 '사만다' 소녀이다. 예쁜 목소리로 자신의 말에 귀기울여 주고 공감해 주는 '사만다' 소녀에게 남자 주인공은 점차 사랑의 감정을 느낀다.

〈에이 아이〉에서는 사람보다 더 사람 같은 외모의 로봇이 등장한다. 시기, 질투, 고통 같은 감정까지 느끼고 나타낸다. 인간을 너무 사랑한 나머지, 이 로봇은 인간이 되기를 희망한다. 인간이 인공지능에 지배를 받는 암울한 미래부터 인간과 인공지능이 서로를 돕는 아름다운 미래까지 영화 속에서 그려내고 있는 것이다.

사실 인공지능 시대가 온다면 영화처럼 그런 장면이 전개될지도 모를 일이다. 그러나 아직은 상상의 세계일 뿐이다. 지금 인간의 눈으로 볼 때는 그런 일이 과연 올까? 이런 생각이 들지만 어느 순간 마치 파도가 밀려오듯 다가올 것이라는 이야기들을 하고 있다. 그러니까 사람처럼 생각하고 판단도 하고 자기가 자율적으로 하는 그런 인공지능 시대가 2040년경에는 펼쳐질 것이라는 전망이다. 어떤 미래학자는 그런 세계가 2030년쯤 올 것이라고 보기도 하고, 또 어떤 사람은 2045년이라고 예상한다.

어쨌든 인공지능이 궁극적으로 개발되면 사람과 똑같이 자의식이 됐든 생각이 됐든 그런 것까지도 추구는 하고 있으니까 그런 시대가 온다는 것을 가정해 놓고 여러 가지 것들을 준비하고, 준비하지 않으면 그런 것들을 대처하지 못할 테니까 필요 이상으로 공포심을 느낄 필요는 없다고 본다.

사람들은 과학기술을 만들고 발전시키면서도 좋은 방향으로 통제하고 발전시키지 못했다. 핵무기도 나왔고 환경 파괴로 인해서 기후변화가 많이 오고 있다. 그런데 과연 인공지능을 사람이 좋은 방향으로만 쓸 수 있을 것인가. 거기에 대한 우려를 할 수밖에 없다.

예를 들면 영국에서 산업혁명이 일어나면서 기계가 대량 생산을 하고 자동 생산을 하니까 인간은 일자리를 다 잃고 기계한테 쫓겨나고 학대받았다. 그때 많은 사람은 "이제 인간은 망했다."라고 생각했지만, 산업혁명이 일어나서 오히려 인간들이 더 시간을 많이 갖게 되었다. 그래서 더 여가를 즐기게 되고, 사람이 진짜 귀하고, 기계보다 사람이 훨씬 더 유능하다는 것을 보고 깨달았다.

어떻게 보면 우리가 정말 하고 싶은 일을 해야 되는 것이다. 그래서 인공지능, 과학기술을 통해서 인간이 다른 기술적인 영역에 넘겨줄 일은 과감하게 넘겨주고 정말 인간만이 할 수 있는 일들을 하는 것이 이상적이다.

인공지능을 가진 알파고는 인간에게 자기 성찰적 존재로서의 인간의 모습을 회복하라는 메시지를 던져 주었다. 그러나 사람들은 자꾸만 "이세돌이 세다.", "알파고가 세다." 이런 말들을 늘어놓았다.

일상생활에 많은 변화가 있을 것 같고, 사실 인공지능 시대가 먼 미래의 일이 아닌 것 같다. 우리들은 알게 모르게 일상생활에서 인공지능을 겪으면서 생활하고 있다. 인공지능은 쉬지 않고 우리 앞으로 살금살금 다가오고 있다.

부 록

부 록

바둑의 요결

▶위기 10결(圍棋十訣) : 바둑 작전의 10가지 요령

① 부득탐승 : 이기는 것에만 집중해서는 안 된다.

② 입계의안 : 적진으로 들어갈 때는 여유를 가진다.

③ 공피고아 : 적을 공격하기 전에 먼저 자신을 살펴본다.

④ 기자쟁선 : 긴요하지 않은 돌은 버리고 선수를 차지한다.

⑤ 사소취대 : 작은 것을 버리고 큰 것을 차지한다.

⑥ 봉위수기 : 위험을 만나면 아끼지 말고 버린다.

⑦ 신물경속 : 경솔하게 빨리 두지 말고 항상 신중을 기한다.

⑧ 동수상응 : 움직임에는 상대방의 동태와 서로 맞서도록 한다.

⑨ 피강자보 : 적이 강할 때는 나를 보호한다.

⑩ 세고취화 : 고립되어 수세에 몰리면 화친을 꾀한다.

▶위기 9품(圍棋九品) : 바둑의 9가지 품계

① 수졸(초단) : 졸렬하나마 단단히 지킨다.

② 약우(2단) : 어리석은 듯해도 강하다.

③ 투력(3단) : 싸움에 뛰어나다.

④ 소교(4단) : 교묘함이 있다.

⑤ 용지(5단) : 운영함이 지혜롭다.

⑥ 통유(6단) : 현묘함에 남다르다.

⑦ 구체(7단) : 완성 단계에 이르다.

⑧ 좌조(8단) : 한눈에 국세를 꿰뚫어 보다.

⑨ 입신(9단) : 신의 경지에 도달하다.

바둑 용어

* 계가(計家) : 바둑을 다 둔 뒤에 계산하는 것, 남은 집을 돌로 메꾼다.

* 고목(高目) : 바국판의 제4선과 제5선이 교차되는 점.

* 공배(空排) : 상대자 누구의 집도 아닌 지역.

* 끝내기 : 종반전에 접어들면서 한 집이라도 더 내기 위하여 효과적인 곳을 찾아 두는 일.

* 단수(單手) : 한 수만 놓으면 상대방의 돌을 따낼 수 있는 상태.

* 대국(對局) : 두 사람이 마주 앉아 바둑을 두는 것.

* 덤 : 양측의 공평을 유지하기 위해서 먼저 일정한 수의 집을 제공하는 것.

* 바둑 : 두 사람이 각기 흑백의 돌을 바둑판에 놓으면서 서로 에워싸서 집을 많이 차지함을 겨루는 경기.

* 바둑돌 : 바둑을 두는 흑과 백의 두 가지 돌, 흑 181개, 백 180개.

* 바둑판 : 바둑을 두는 판.

* 불계(不計) : 승자가 분명해 집 수를 계산하지 않는 것. 이길 경우 불계승, 질 경우는 불계패라고 한다.

* 사석(死石) : 바둑판에서 잡혀 죽은 돌, 계가할 때 상대방의 집에 채

워 점수를 줄인다.

* 사활(死活) : 바둑에서 죽고 사는 문제.
* 삼-삼(三三) : 바둑선의 제3선과 제3선이 교차되는 점.
* 상수(上手) : 상대자 중에 실력이 강한 사람, 백을 잡는다.
* 선착(先着) : 흑을 잡은 사람이 먼저 두는 일.
* 장문(藏門) : 모든 활로를 봉쇄하여 잡을 수 있게 두는 수단.
* 접바둑 : 실력 차이가 클 때 하수에게 일정 수의 돌을 미리 놓도록
　　　　　허용하는 것.
* 정석(定石) : 객관적으로 보아 가장 효과적이라고 여겨지는 수로
　　　　　바둑을 두는 일.
* 집 : 바둑에서 완전히 자기의 차지가 된 곳.
* 착수(着手) : 바둑돌을 선의 교차점에 놓는 것.
* 착수금지 : 활로가 전혀 없는 곳에 돌을 놓을 수 없다는 규칙.
* 축 : 상대방의 돌을 계속 단수로 몰아 끝내는 잡을 수 있는 모양으
　　　로 된 것.
* 치중 : 상대방의 집 속에 들어가 상대를 잡는 방법.
* 패 : 같은 위치에서 같은 내용의 돌을 반복해서 무한정 놓는 것을
　　　금지하는 규칙.
* 포석(布石) : 중반에 들어가기 전까지의 단계, 바둑에서 기본적 골
　　　　　격을 이루는 수십 수의 여러 수가 해당된다.
* 하수(下手) : 상대자 중에 실력이 약한 사람, 흑을 잡고 먼저 둔다.
* 활로(活路) : 바둑돌을 계속 이어 나갈 수 있는 길.
* 화점(花點) : 바둑판에서 특별히 굵은 점으로 표시되어 있는 9개의
　　　　　위치.

흑백 돌로 슬기를 겨루는 천재들의 창의력 이야기

한국의 바둑 천재들

초판 1쇄 인쇄   2016년 6월 27일
초판 1쇄 발행   2016년 7월 1일

지은이 | 유한준
펴낸이 | 박정태
편집이사 | 이명수   감수교정 | 정하경
편집부 | 김동서, 위가연, 조유민
마케팅 | 조화묵, 최지성   온라인마케팅 | 박용대, 김찬영
경영지원 | 최윤숙

펴낸곳	Book★Star
출판등록	2006. 9. 8. 제 313-2006-000198 호
주소	파주시 파주출판문화도시 광인사길 161 광문각 B/D 4F
전화	031)955-8787
팩스	031)955-3730
E-mail	kwangmk7@hanmail.net
홈페이지	www.kwangmoonkag.co.kr
ISBN	978-89-97383-85-6 43040
가격	12,000원